T0179022

La revolución a dedo

La revolución a dedo

CYNTHIA RIMSKY

LITERATURA RANDOM HOUSE

Papel certificado por el Forest Stewardship Council®

MIXTO
Papel procedente de
fuentes responsables
FSC® C117695

Penguin
Random House
Grupo Editorial

Primera edición: octubre de 2021

Una versión de la primera parte de este libro, «El vacío», fue publicada
con imágenes de Andrea Goic como «Cielos vacíos» en el libro *Nicaragua
[al cubo]* (Brutas editoras, Santiago, 2014) junto a textos de Alma
Guillermoprieto y Carolin Emcke.

Printed in Spain – Impreso en España

ISBN: 978-84-397-3896-1
Depósito legal: B-4.810-2021

Impreso en Reinbook Serveis Grafics, S. L. (Polinyà, Barcelona)

RH 3 8 9 6 1

ÍNDICE

La felicidad ja ja ja ja
me la dio tu amor jo jo jo jo
hoy hace cantar ah ah ah ah
a mi corazón oh oh oh oh...

PALITO ORTEGA

EL VACÍO

De mis viajes siempre regresé con uno o más cuadernos en los que dejé consignados los alojamientos en los que pude haber dormido, personas a las que no llegué a conocer, gastos, situaciones que me ocurrían u observaba, y de vez en cuando, un intento por ir hacia las cosas que no se mostraban o quedaban sin vivir. Me satisfacía llevarlos en la mochila, ponerlos sobre la mesa de un bar. Nunca me preocupé de conservarlos, no los volví a leer, no los ordené en cajas o al fondo de un armario. Ahora que busco el certificado de mis estudios en la escuela de Periodismo de la Universidad de Chile entre 1980 y 1983, los encuentro y no parece que los haya escrito yo, especialmente no este cuaderno Universal.

Por razones extrañísimas estoy varada en Tegucigalpa sin poder seguir viaje a Nicaragua aunque solo 200 kms me separan de la ilusión. La embajada nos exige un pasaje de entrada y otro de salida y no tenemos ninguno de los dos. Tampoco nos dan la visa para ir a Costa Rica, donde la prima de Pablo tiene guardada la mitad del dinero para que continuemos viajando. Contamos con que encontrará pronto una forma de enviarlo. Nos quedan US$70 y no sabemos hasta cuándo estaremos aquí, en septiembre es mi cumpleaños y quiero pasarlo en Nicaragua, voy a cumplir 23, ¿no te parece que estoy grande? Llevamos seis meses viajando, siempre a dedo, pasamos por Perú (en Lima nos robaron los pasaportes y a Pablo, las zapatillas), de ahí cruzamos a Ecuador en un camión cargado de cebollas después de pasar dos días varados en la frontera; recorrimos Colombia durante tres meses, cruzamos a la isla de San Andrés en un barco petrolero y de ahí a Tegucigalpa en un avión correo. Me siento como un juglar del siglo XX, viajando a dedo y escribiendo. Llevo seis o más cuadernos repletos de notas, cayéndose las páginas por las pesadas explicaciones. Yo misma metida en las páginas en blanco

La caligrafía de la joven de 22 es distinta a la mía pero ella hace como yo a los 52, de aburrida llena con tinta los huecos de las letras. Sobre el cartón de la tapa del cuaderno, un niño o niña que está aprendiendo a escribir dibujó algunas palabras y no le importó ponerlas boca arriba, de costado, al revés, como si fueran cuchillos, tenedores, platos, vasos, y la página, una mesa. En la contratapa, una mancha de aceite sigue la forma de una isla más grande y otra más pequeña. Al abrirlo, en la primera página encuentro una carta sin destinatario. Si continúa aquí, la joven de 22 se arrepintió de enviarla o la copió en un papel más liviano para abaratar el costo del franqueo. En ese paso debió repensar algunas cosas y el destinatario leyó una carta distinta a la que yo ahora.

Tengo tanto que contarte; nadé de espaldas por el río Aracataca y conseguí una máquina de escribir en el pueblo de García Márquez; un tipo al que hicimos dedo nos llevó a una finca donde presenciamos una tormenta y los relámpagos volvieron la noche, día; viajamos con un alcalde y su guardaespaldas que iban por los pueblos borrachos haciendo campaña política; dormimos en el suelo de una panadería en Taganga donde embarcan la marihuana en yates hacia Panamá y USA. El primer día conocí a un adolescente que quiere ser narco. Ismael, el dueño de la panadería, fue espía del ejército; Alonso, el artesano, es gnóstico. En San Agustín conversé con Jorge, un antropólogo, acerca de lo que es esta América. Y en lo alto de un cerro, entre tumbas y pinturas rupestres, bajo una lluvia como en Valparaíso, pensé en ustedes allá en Chile, en mí, en la distancia que nos separa, y tuve la sensación de que siempre he estado lejos

Encuentro una lista con los nombres de las personas que la joven de 22 y Pablo —su compañero en este viaje— contactan en Tegucigalpa. Escrita con una letra distinta —¿de Pablo?— aparece Proave. Com Popular. Palmerola. Olancho. Un número de teléfono, Carlos, miércoles 12 horas. En Palmerola hay una base militar norteamericana, en Olancho estalló un escándalo porque el presidente otorgó en forma dudosa la concesión del aeropuerto a una empresa norteamericana. Ambos lugares quedan cerca de Tegucigalpa. Pudieron ir y volver en el día. Líneas abajo aparece el nombre completo de Carlos Reyna, Barrio El Olvido, Secretaría Prensa y una palabra que no logro descifrar. Sigue un exhaustivo cuestionario con más de veinte preguntas. En ese momento Reyna es presidente de la Corte Interamericana de Derechos Humanos. Nueve años más tarde se convertirá en presidente de Honduras y, al cumplirse otros nueve, se pegará un tiro en la cabeza.

Anoche tomé cuatro cervezas en un bar con un profesor de literatura, presidente de algo como la Agech, que estudió en Colombia y es de izquierda. Hace mucho que no hablaba de eso (descubrí que hace nacer en mí una tormenta de pasiones) y de pronto llegó lo inefable; México, Carlos Fuentes y *Terra Nostra*, el triángulo perfecto. Sentí que estos seis meses han sido ~~vivir~~ ~~████~~ ~~y que salí de Chile en busca de~~ ~~otra lectura de aquel libro. Fue tan extraño,~~ ~~cuando llegué al restaurante donde me es-~~ ~~toy alojando — porque no hay dinero para~~ ~~seguir a ningún lado, y eso no importaría,~~ ~~pero las fronteras y los consulados y las vi-~~ ~~sas se niegan a entender, el Pablo me dice~~ ~~que llamó su prima de Costa Rica y que~~ ~~mandó ████~~

Al acercar el cuaderno Universal a la luz para ver lo que hay bajo las tachaduras me parece que la tapa se ha encrespado. La tormenta que inesperadamente llegó esta mañana a Santiago, al cabo de dos días de calores infernales, parece haber soliviantado a las letras como el terremoto a la tierra hace un mes. Para rescatar las palabras tachadas recurro a una lupa. Por las que corrió tinta no sirve ningún lente.

US$1200

Una vez que tienen el dinero, la joven de 22 se dirige a la salida de Tegucigalpa para hacer dedo a Nicaragua. Un auto la deja en Choluteca donde sube a una camioneta que levanta campesinos a lo largo del camino. Ellos deben notar que la joven de 22 es extranjera. Si alguno se atreve a hablarle, le cuenta que va a Nicaragua; si le inspira confianza, agrega que va a conocer la revolución. Entre ellos se estarán preguntado si permitirían a su hija subir a la camioneta de un desconocido tan lejos de su casa. Saben por los noticieros acerca de los peligros que corren las jovencitas que salen a tentar suerte, cómo las toman por otras y con esas otras no hay ley que valga; puede que ellos mismos, si estuvieran solos, la tomarían a ella.

En una de las tres fotografías que encontré junto con el cuaderno Universal y los cuatro escritos a máquina, aparece la joven de 22 con la cabeza inclinada hacia la izquierda y las manos enterradas en los bolsillos del jean hasta las muñecas. No sabría decir si es fea o bonita, tiene el pelo castaño largo y una mirada que se dice soñadora o cándida. Las zapatillas blancas de cuero son las antiguas North Star, las primeras importadas con nombre en inglés y dos rayas al costado; viste una camiseta de manga larga blanca y encima una de manga corta de un verde nilo descolorido. Pisa con el borde externo, seguramente tiene pie plano. El camino de tierra roja atraviesa unos montes verdes salpicados de palmeras, da la impresión de que está lejos de la ciudad, que por allí no pasan autos, personas o perros; el fotógrafo tampoco aparece, aunque la inclinación de la cabeza de la joven de 22 se puede interpretar como una señal de su existencia. En la espalda carga una mochila azul mediana que yo continué usando al menos hasta 1991. No sé cuándo me desprendí de la camiseta blanca y de la verde nilo; dónde puse la candidez, el pelo largo, el color castaño; continúo enterrando las manos en los bolsillos, aunque me molesta el roce de mis dedos con la costura y tengo la sospecha de que ahora los hacen más cortos.

Sigo por el camino que lleva a la joven de 22 a la frontera, las curvas me causan un ligero mareo, escucho el sonido del agua, las ramas altas cubren el camino, la luz nace de la sombra. Escribo en el buscador «¿cómo es el camino entre Honduras y Nicaragua?». «Un poco sinuoso del lado hondureño, en medio de bosques de pinos y robles, las vistas al Golfo de Fonseca son impresionantes».

Increíble, las curvas del camino, el bamboleo, el lago entre los pinos... son reales. Busco la imagen del bosque que baja hasta el camino y el agua. Me encuentro con que las mafias que trafican madera acabaron con los bosques en Olancho, la región Atlántica, Yoro, Francisco Morazán, Comayagua y El Paraíso, en la frontera con Nicaragua. No existe el bosque real.

La luz que ilumina el cuaderno Universal viene del poniente. Durante el verano, a partir de las seis de la tarde, se vuelve insoportable la fijeza con la que el sol mira de frente. Necesito bajar las persianas después de almuerzo y subirlas a las nueve de la noche para que entre el fresco. La del cuarto se ha caído, tiré del cordel y se vino abajo. Es la segunda que compro del mismo modelo en la tienda de casa y jardín.

Mi vecina me pregunta qué espero si compro la más barata. Me encaramo en la silla que puse sobre la mesita y engancho el extremo derecho de la persiana en el soporte, repito la operación con el izquierdo: tiro del cordel y, cuando va por la mitad, se desprende. Vuelvo a colgarla y, al disponerme a bajarla, me da miedo que se caiga y la dejo hasta la mitad.

Los mapas son engañosos, indican que la frontera hondureña está en Guasaule. Desde ahí todavía quedan varios kilómetros hasta la línea. Como oficialmente el trayecto no existe, tampoco corren buses. En vez de salir de un país, parece que se abandonara el mundo conocido y los campesinos que viven a la orilla del camino se detienen a mirar con sorpresa a la joven de 22 que, con un retraso de seis años, se dirige a pie a la revolución.

La frontera es una línea, atravieso la línea

Escribo en el buscador: «cómo es Guasaule». Lomas verdes, un árbol, una caseta. En

un reportaje anónimo leo: «un joven soldado nicaragüense, con el fusil en el hombro,
que se despereza, en lo alto de unas gradas.
No sabe mucho de la tensión fronteriza entre
su país y Honduras. Apenas llegó hace cuatro
días como parte de un refuerzo militar de cin-
cuenta hombres. "No tenemos miedo. En Nicaragua estamos acostumbrados a la guerra"».

El artículo no tiene firma ni fecha. Puede que el soldado no le temiera a la Contra, al
ejército regular hondureño, a Daniel Ortega
y la democracia.

Migraciones es un vagón de tren sobre
cuatro ruedas. Me atienden por una venta-
nilla con cortina. Un señor al que no veo
me da un montón de papeles que debo
llenar por triplicado. El oficial del puesto
lee «▮▮▮▮▮▮▮▮ que dicen los obispos».
El que se encarga de mi pasaporte ~~casi no~~
lo deletrea ~~sabe leer~~. Los nicas nos obligan
a cambiar US$60 a cambio oficial, o sea,
a nada = 28 córdobas. Es un robo. En el
paralelo, que también es permitido, dan
700. La visa ya me ha costado US$25. A

cualquiera le quedan pocas ganas de seguir. ~~Se me olvidaba. También exigen mostrar US$200~~ Una hilera de camiones espera. Miro unos niños andrajosos que ~~acarician~~ pasan la mano suave por las latas celestes de la Toyota. Adentro de la camioneta un niño hondureño los mira. En la frontera continúan existiendo las contrabandistas que llevan artesanías a Honduras y traen artículos importados. Antes tenían que coimear a la guardia, ahora deben llenar engorrosos papeles por triplicado y sin calco. Soldados y policías se me acercan. Uno me toca el pelo y me pide que lo lleve a Chile

Hace varias páginas que en el cuaderno Universal no se menciona a Pablo. Me pregunto si se quedó en Honduras. Escribo en el buscador su nombre. Aparece una fotografía de los socios de una consultora de gestión y finanzas, los tres muestran corbatas de seda vistosa con nudo grueso; una de las secretarias debe haber mirado el cuadro con ojo crítico y de fondo colgó dos pinturas abstractas.

De: pablo

Para: cynthia rimsky

Enviado: 10 de Julio de 2010 23:52

Asunto: Re: ¿te acuerdas?

Mi memoria del viaje es difusa, diría que llegamos juntos a la frontera de Nicaragua desde Tegucigalpa, pero nos separamos después de ingresar al paraíso sandinista. Respecto al dinero, creo que mi madre me regaló $, más los que tú habías juntado, porque yo llevaba meses de ocioso, viviendo de tu esfuerzo en Valparaíso. Recuerdo que al pasar la frontera de Nicaragua, lo dividimos en partes iguales. Luego no recuerdo qué hiciste, yo me fui directo a Managua.

La ruta directa desde Guasaule a Managua es la carretera Panamericana. Si ambos hubiesen seguido este trayecto no se habría producido la separación. La joven de 22 cede la vía rápida a Pablo y toma un camino secundario que corre paralelo a la línea que acaba de cruzar, alejándose de Managua un poco cada vez.

Por el pedazo de ventana que no tapa la cortina, se ve la casa de dos pisos a la que el último terremoto botó parte del techo. Dos hombres ponen una escalera contra la fachada, en realidad, son dos unidas por un cordel. Los peatones se detienen a mirar cómo el padre y el hijo o aprendiz superan la débil unión y llegan arriba a salvo. En el techo ambos se quedan mirando la calle que dejaron atrás. Los pasos del hijo o aprendiz son cautos. Los peatones cruzan de este lado para verlos acercarse al boquete. Yo les veo las espaldas; van por las tejas con el cuerpo hacia atrás como si tuviesen que oponer resistencia al vacío. Cuando alcanzan el boquete, miran hacia abajo y quedan en silencio.

Somoto es un pequeño pueblo donde la policía baja toda la carga y revisa los camiones. Hay diez, doce camiones. Ninguno me lleva porque tienen prohibido recoger a los que hacen dedo. La cola para el bus es enorme y sigue llegando gente que amontona sus bártulos en la carretera. El primer bus pasará mañana a las 4 AM y la gente esperará aquí, dicen que no hay gasolina. ~~Voy a un~~ Los camiones y el bus que quedan no pueden salir porque no hay soldados custodios que los acompañen. El bus viene de Guatemala y fue arrendado por particulares que vienen a revender aquí. ¿Y qué traen?, le pregunto a un joven contrabandista, ex-banquero. Jabones, cosméticos, productos que no pueden fabricarse aquí porque hay otras prioridades. «Yo trabajé por la revolución con los del Frente pero luego no estuve de acuerdo con muchas cosas y me salí. Es que hay gente muy fanática que cree que porque le mataron a un familiar, todo debe ser como ellos dicen. Sin embargo, yo los sigo apoyando porque entiendo que es muy difícil cambiar la mentalidad de la gente luego de 50 años de somocismo y, a pesar de que aún hay mucha pobreza, el proceso va bien», me dice subiendo nuevamente el contrabando arriba del bus

La imagen real de Somoto es la de un pueblo rodeado de montañas. El árbol típico es el Matasano y el pájaro, el bienteveo. Una norteamericana que viajó hace algunos años lo describe como un «sleeping little town in the mountain» y se muestra admirada por el amor que sienten hacia los burros. «Este animal es muy visible en sus tierras y hasta se llega a disputar el Derby de Somoto, que consiste en dar tres vueltas al Parque Central. Otra curiosidad del municipio son sus rosquillas».

En los pueblos que la joven de 22 visitó antes de venir aquí, los hoteles generalmente quedaban cerca de la estación. En Somoto los buses toman y dejan pasajeros en la carretera. Para ir al pueblo hay que entrar varios kilómetros. En el camino le sorprende que los techos de las casas se han ido torciendo, al igual que las calles y los muros, los ángulos que nacieron para ser rectos cedieron al terremoto.

Pido alojamiento a una escuela donde los niños también aprenden artesanía. La cuidadora me contesta que está cerrado y me lleva a su casa

Todas las tardes la cuidadora vuelve a su casa, en el camino compra tortillas, frijoles o un refresco para sus hijos. Este día lleva a la joven de 22. Le muestra la plaza con la glorieta donde hacen la premiación del Derby; la calle del mercado donde un lustrabotas con la visera de la gorra echada hacia atrás limpia el calzado de un hombre que queda fuera de cuadro; las tiendas con la mercadería en la vereda, colgada del techo o sobre andamios. Un bus amarillo dado de baja en un college norteamericano busca pasajeros a la vuelta de la rueda. La última calle termina a los pies de un monte; del suspiro nace un sendero rojo que pasa por las vegas donde pastan los burros. La cuidadora le debe contar a la joven de 22 que todos los años en el pueblo hacen un Derby, pero es difícil que una carrera de animales tiente su curiosidad. ¿Qué preguntar a un burro que pasta en una revolución? Hay un texto de John Berger que enseña la diferencia entre una imagen real, como las que escribo en el buscador, y la imagen vivida por la joven de 22 de camino a la casa de la cuidadora de la escuela. Se titula «Cuatro burros en un campo», mes de junio, año 2005, y pertenece al artículo «Dónde hallar nuestro lugar». Berger observa pastar a unos burros en un campo a un kilómetro de distancia de su escritorio, la visión lo impulsa a dejar la escritura para ir hacia ellos, lo impulsa a acercarse y tocar, primero con sus manos y luego con su rostro, los rostros de ellos. Berger escribe a los 79 años sobre la gratitud que siente junto a esos cuatro burros. A la joven de 22, el café con gusto a tierra, los huecos de las ventanas cubiertos con sacos y cartones, el hoyo donde la mujer cocina los frijoles, la ausencia de muebles y camas, el agujero que usan como baño, le entristecen.

La mujer se dedica a cultivar el jardín, me muestra sus flores, el cielo oscurece, se hace denso de nubes, hay un arco iris sobre los montes, rodeada de montes, no sé de qué hablar, qué preguntar, estoy tan cansada de preguntar. A seis años de la revolución no sé qué decirle y nos quedamos calladas en la penumbra de la cocina mirando los perfiles de las cosas

En ningún otro país se le ocurrió pedir alojamiento en una escuela, seguramente porque no albergan turistas. En una revolución

—parece pensar— es natural que las puertas permanezcan abiertas. No se equivoca puesto que la cuidadora le abre las de su casa. Me gustaría estar en el lugar de la joven de 22. A mis 52 años no perdería el tiempo en inventar preguntas para averiguar cuán revolucionaria es la revolución para los campesinos y cuán revolucionarios son ellos para la revolución. Atendería al canto del bienteveo, me sentaría cerca del hijo menor para mirarlo sacar agua del pozo, me acodaría en uno de los huecos que usan como ventanas; les preguntaría cuánto cuesta en el pueblo poner un marco y un vidrio; ellos querrían saber el precio de una ventana en Chile. Para comparar, tendríamos que poner en relación los salarios, el tipo de trabajo, la situación económica particular, general, mundial. Descubriría que al atardecer se asoman al hueco que dejaron en la eventualidad de que alguna vez tengan dinero, y miran hacia afuera como a través de una ventana. Pero es la joven de 22 y no yo la que toca la puerta de una escuela en Somoto para pedir a la cuidadora alojamiento por esa noche. Treinta años después estoy agachada frente a la ventana semi tapada por el modelo barato de persiana que compré en la tienda de casa y jardín; contemplo el boquete en el techo de la casa y, en la parte superior de la habitación, un televisor atornillado a un brazo mecánico, la tapa de un armario, un colgador de ropa... Presumo que antes hubo una cama, un velador y hasta un baúl con viejos cuadernos. Algunas noches se enciende la lámpara del velador. Imagino que la persona que allí dormía entra a buscar algo que necesita y se detiene a mirar el cielo donde antes estuvo su amparo.

El hijo menor me trae una tortilla y sobre ella, arroz con tallarines y un trozo de plátano asado. Como sola

El hijo menor de la cuidadora, José Arístides Núñez, coge el cuaderno Universal y escribe en la tapa su nombre completo, girando el cuaderno hacia la cabeza o los pies, copia lo que ve: cama, perro, globo, papel, carolina, casa, sapo, pelo, boca, silla, pis, ci-elo, vaca, pollitos, carolina, pistola, jardín... La acequia debe quedar de camino al potrero donde lleva a pastar a la vaca y la descubrió antes de aprender a leer la cartilla «Yo sí puedo cuidar el ambiente» que les repartieron en la escuela, o la letra no logró saciar su curiosidad y se lanzó a buscar lo leído en la naturaleza. De esa forma encontró las cuevas donde habitan los sapos al salir del agua; en la acequia los vio perder el pico, la cola y las branquias, desarrollar manos y piernas, y una vez encontró un sapo con dientes que no aparece en la cartilla. Por la noche José toma la linterna y atraviesa el patio que la madre ha plantado con flores hasta el pozo séptico recubierto con tablas, pedazos de tela y chapas; mientras hace pis, otea el cielo. En el gallinero pían los pollos. El perro lo espera afuera y vuelven juntos. Al interior de la casa hay un par de sillas y una o dos camas. Por ser el menor, le toca dormir entre la pared y su hermana mayor, Carolina. La intimidad entre ambos queda registrada en el hecho de que escribe el nombre de ella dos veces. En cambio omite que lo mandan a lavarse las manos y los pies con el agua del balde que saca del pozo, y que después le ordenan ejercitar las letras que le enseñaron en la campaña de alfabetización. El globo es un recuerdo de un cumpleaños o lo trajo de una celebración que hubo en la escuela. La pistola data de la época en la que su familia luchó contra Somoza y, a pesar de que la revolución sandinista triunfó en Nicaragua en 1979 y ya es 1985, sigue en la casa, como la cama, el perro, el globo, el papel, carolina, el sapo, su pelo, su boca, la silla, el pis, el ci-elo, la vaca, los pollitos, carolina, la pistola y el jardín.

La única ampolleta alumbra la dificultosa lectura del hijo menor, tiene 10 años y va en primero básico, «hay niños inteligentes y otros lentos, si pudieras ayudarlo», me pide su mamá. Pasamos el resto de la noche haciendo sumas y restas. Carolina me cuenta que en los CDS (Comité de Defensa Sandinista) se lee mucho a Carlos Fonseca y que sus amigas hablan ~~mucho~~ todo el tiempo de eso y que ella les dice: ya no más. Me cuenta que una enfermera alemana que trabaja en el consultorio tuvo un hijo sola y dice orgullosa: «un hijo sin papá».

Ya están todos acostados, y apagan la luz, escucho el zumbido de los zancudos. Pienso que ya estoy en Nicaragua, pero más pienso en mí, en qué es lo que quiero, en qué espero encontrar. Estoy confundida. Hace unas horas quería volver a Chile, ahora siento a los nicaragüenses tan abiertos, pero sigue siendo difícil entrar en ███████████ los largos silencios de la madre y de sus dos hijos, y yo siempre preguntando para evitar las lagunas, para no contarles lo confundida y angustiada que me siento. Para ellas es natural que yo esté aquí, no necesitan preguntar, pero yo siento que las palabras mías se estancan y pesan

Al despertar me siento sola, está oscuro y tengo miedo. Pensé que me había despertado en cualquier lado y no en Nicaragua ███████ Claudia me invita a un casamiento, pero la idea de estar alegre me molesta. Tengo ganas de estar sola, en un silencio que sea mío. De pronto pienso que ya no le creo a mis sueños; escribir artículos fabulosos, volverme cineasta, escribir guiones... Las cosmovisiones de nada te ayudan a vivir

Tomo los cuatro textos que encontré junto al cuaderno y a las tres fotografías. La joven de 22 los escribirá a máquina durante su estancia en Managua. En el más largo la joven cuenta nuevamente su viaje desde Honduras a Managua, esta vez con un tono de «objetividad» destinado a hacerlo publicable. En la versión omite que la cuidadora de la escuela cultiva flores en su jardín. Debe saber por experiencia que los editores no creen que a un lector le interese que la cuidadora de una escuela tenga un jardín y, antes de que las flores resulten tachadas, prefirió ahorrarles la humillación.

La casa está rodeada de montes y afuera hay un arco iris. Carolina, la hija mayor de la cuidadora de la escuela, piensa en fiestas y en el cine donde dan una película de Pedro Fernández. Tiene 20 años y una hija de dos, canta, baila y me sorprendo de que pertenezca a los Comités de Defensa Sandinista.

—Sí, soy brigadista del equipo de salud. Vamos a todos lados a atender a la gente. También hacemos muchas fiestas donde se toca salsa, cumbia y rock.

—¿Y cómo fue la revolución por aquí?

—Bueno... —Se queda pensando y no sabe o no me contesta—. Me ofrecieron una beca para estudiar en Cuba pero no quiero ir porque si me enamoro tendría que quedarme allá.

—¿Y qué irías a estudiar a Cuba?

—Inglés.

Debajo de la almohada guarda un discurso de Tomás Borge sobre los CDS, una cartilla para hacer huertos familiares «porque lograr el autoabastecimiento de alimentos es derrotar al imperialismo», las revistas del Frente Juvenil y El Toyoacán

El padre y el hijo o aprendiz que subieron al techo con dos escaleras unidas por un cordel, no vuelven a aparecer. Sus reemplazantes colocan contra la fachada una escalera larga, única, de aluminio. No se acercan al boquete. El empleado lleva en su mano un metro. El jefe habla por celular. Su trabajo consiste en anotar las cifras del diámetro aproximado del boquete que le dicta el empleado desde el otro extremo. No vuelven a aparecer. Tengo la impresión de que el trabajo les dura hasta que presentan el presupuesto al cojo propietario de la casa. Los que pasan por la calle del Medio o la del Cerro no imaginan que hace tres meses que en la casa de dos pisos que alquilan cuartos, los inmigrantes peruanos viven sin techo. Quizás a cuántas fachadas intactas les falta un pedazo que no vemos.

Me han ido llegando las cartas que la joven de 22 envió por correo postal a Pablo y a Pola. Tuve la intención de ordenarlas cronológicamente o por país, pero no he podido leerlas en progresión, cierro una, abro otra, leo un párrafo, la doblo. Van quedando sobre la mesa y cuando quiero devolverlas a sus sobres ya no estoy segura a cuál corresponden, a quiénes, cuándo fueron enviadas.

Voy a ser corresponsal del diario *El Nacional* de Lima y de la revista *Nueva* en Ecuador. Aunque no pagan mucho, aprovecharé el ritmo para escribir porque ahora un artículo es un parto forzoso. Además, así uno va forjando su nombre. ¿Qué te parece? Algo es algo. Ya llevo tres artículos, mejor dicho tres borradores. La literatura y el periodismo se van amalgamando, algo ocurre entre las palabras, nos entendemos.

Pola, no sé cómo te ha ido con *El Nacional*, a mí no me han contestado ni mandado plata. Tampoco he sabido de la revista *Nueva*, creo que publicaron la entrevista que hicimos en Lima y nada más. En este viaje casi no he hablado con universitarios o personas de izquierda sino con gente sencilla que tiene una idea bastante particular de lo que es vivir. Quiero trasladar esas experiencias a otro lenguaje, no el del periodismo o el del discurso político que me pesa. Ojalá paguen algo por los artículos.

Pola, acabo de recibir una carta de mi padre donde me dice que la revista *Análisis* no ha publicado los dos artículos que les mandamos. Eso no puede ser. Es nuestro trabajo. Por eso te proponemos un negocio. Si tú puedes ser nuestra agente. Te mandamos los artículos y tú los colocas en las revistas *Apsi*, *Cauce*, *Cosas*, *Hoy*, y otras y cobras la plata.

Te proponemos (es un negocio serio) que te quedes con el 50 por ciento.

De las revistas que menciona la joven de 22, cuatro son opositoras a la dictadura de Pinochet y no tienen dinero para pagar corresponsales. *Cosas* pertenece a un grupo trasnacional. Parece inverosímil que su editora tuviese interés en comprar el artículo de una mochilera que fue a conocer la revolución a dedo. *El Nacional* está en el buscador, su página web no funciona o no la ocupan. Igual que la revista *Nueva* en Ecuador. ¿Serán estas las ensoñaciones que le escribe a Pola?

La joven de 22 desanda el camino desde la casa de la cuidadora en Somoto a la carretera. Las personas que se quedaron esperando toda la noche partieron en el bus de las cuatro de la mañana. Debe haber otras que no alcanzaron a subir. Alguien la convence de que tendrá más posibilidades de encontrar transporte a Managua si va a Ocotal o le cuenta que Sandino y sus veintinueve hombres ganaron allá la batalla contra los marines. La joven de 22 vuelve a alejarse de Managua. No de la línea fronteriza. Consulto el horario de los buses a Ocotal, tardan una hora.

Ocotal es un pueblo pobrísimo. Las casas de adobe y madera tienen las ventanas tapiadas y los números están escritos en rojo y negro. Las hamacas son el único mueble en las casas. No sé por qué me desvié tanto de mi camino. Voy para el otro lado. Igual que en la frontera y en Somoto, la gente espera en choclón un transporte que la saque de aquí. Aunque no debiera gastar más plata, encuentro una pensión con un cuarto rosado, limpio, con un escritorito antiguo en el que podría escribir. Por la noche se apaga la luz, el lavatorio tiene una gotera, a lo lejos escucho disparos y lo que parece un bombardeo. Por la mañana me entero de que estamos en una zona de guerra y que los combates son a pocos kilómetros de aquí. Me pregunto qué estará haciendo el ▮▮▮▮▮ Pablo, si conversa con la gente, va a los CDS y a las organizaciones. Y yo, entre estas cuatro paredes floreadas, tengo tanto miedo que no me atrevo a salir a buscar algo de comer ▓▓▓▓▓. ¿Por qué todo, siempre, se convierte en una horrible contradicción? A veces pasa una semana completa y lo único que hago es soñar, otras veces vivo con tanta intensidad lo que encuentro fuera de mí, pero nada se convierte en escritura. En vez de escribir el artículo, me pongo a soñar con el resultado. A veces me enamoro de una teoría y por un rato mi vida parece cambiar

El nombre de Ocotal proviene de los pinos de ocote que crecen en las colinas y tienen sus hojas como «agujas decaídas». Una agencia de viajes recomienda visitar las ruinas místicas y profanas de la ciudad antigua; subir a las poblaciones de la sierra que conservan la influencia española en sus casas de adobe con tejas, corredores y hornos de barro; participar en el Festival del Maíz de Jalapa para ver el vestido confeccionado con palomitas de maíz de su reina.

Los hombres me molestan en la calle. A cada momento pasan camiones, jeeps, en todas las esquinas milicianos sin hacer nada. Está lleno de escuelas e institutos. Las fábricas con alambradas y guardias. Me siento ridícula siendo una caminante en este país. En Colombia era una actitud de rebeldía, desafiante al sistema, aquí no le encuentro sentido. No sé cómo entrar a la revolución.

Entro a un comedor y se me acerca un curadito que me habla de la revolución y me ofrece una cerveza Victoria. Es teniente y estuvo en Alemania Oriental y Cuba. «Solo tengo 36 años pero la revolución me dejó así, viejo». Su mujer lo traicionó mientras él estaba capacitándose en Cuba. No sé si me emociono porque estoy medio ebria o porque es la primera vez que me topo con un curadito que habla con orgullo de la revolución

Encuentro una carta en un periódico del año 2000 que cuenta cómo era el Ocotal que conoció la joven de 22. «Antes las colinas estaban cubiertas por un manto verde y todas las mañanas me despertaba el alboroto de los pájaros en las copas de los pinares y el

sonido de las aguas caudalosas del río. El río
se redujo y las aguas han contaminado el antiguo cauce de arena donde nos bañábamos.
La vegetación y el bosque desaparecieron por
los incendios y por el corte indiscriminado de
madera para los fabricantes de muebles y de
leña para cocinar.»

De: pame
Para: cynthia rimsky
Enviado: 15 de julio de 2010 18:54
Asunto: las encontré
Cynthia, encontré la primera carta desde
Quiché, Guatemala... en dos papeles dife-
rentes! Otra ahora desde Bogotá! eterna de
larga. Al fin una desde Nicaraguaaaa, eureka.
«Acostada en la hamaca, por la radio Daniel
Ortega anuncia estado de emergencia por
un año. ¿Qué estará pasando? Hay indicios
inquietantes de guerra. Contadora fracasó.
Ahora llueve y sé que en Chile se enfrentan
con los pacos, también que un auto explo-
ta.» Otra desde Valledupar, Colombia! Otra
de La Paz, Bolivia! Son muchísimas! Dios
es grande que las guardé. Otra increíble en

tres partes desde Nicaragua (escrita a máquina). «El otro día andaba buscando frijoles en el Mercado Oriental y de pronto sentí un olor como a menta, a romero y me vino una pena tan triste que se me salían las lágrimas y pensé que era el momento de volver.» Dios, chica hay muchoooooo. Disculpa que me demorara pero está TODO. Me salen lágrimas... Feliz nuevo año de la serpiente de agua, te quiero. Pamela.

De: pame
Para: cynthia rimsky
Enviado: 15 de julio de 2010 18:58
Asunto: las encontré
Noooo, encontré un artículo mecanografiado: «El Carmen, Nicaragua: De cómo se vive la revolución bajo el fuego mercenario» por Cynthia Rimsky M. Se pasóooooooooooo, otra como en un lulito de papel! Te mueres, tengo los pelos de punta! Mientras escucho al Flaco Spinetta. Total: 15 cartas casi todas con sus respectivos sobres y sellos postales! No las leí todas detenidamente por la excitación de irlas descubriendo. Pamela.

Las cartas que Pamela me entrega a través de su hijo fueron enviadas por la joven de 22 desde Nicaragua a Canadá y Argentina y luego a Chile. Le pregunto a mi madre.

De: doris
Para: cynthia rimsky
Enviado: 16 de julio 2010 09:34
Asunto: cuadernos de viaje

Querida hija, tus cartas venían vía Argentina. Se leían, se lloraban y se rompían. Recuerdo que un amigo tuyo llegó a Chile y personalmente me vino a decir que tú me llamarías por teléfono tipín 3 de la mañana a casa de tu tía (ya separada de mi hermano, creo) y dieron las 3, las 4, las 5, ambas despiertas con miedo a no sentir el teléfono y tú no llamaste. También recuerdo a la mamá de tu compañero de viaje que vino a enrostrarnos que tú habías arrastrado a su hijito en esta aventura, en fin, fue una época dolorosa para nosotros y eras tan joven. No creo tener tus cuadernos pero para más seguridad cuando venga tu hermano le pediré que me baje un neceser que tengo arriba del clóset, es el único lugar donde se me ocurre que puedan estar. De Nicaragua recuerdo que contabas que las calles no eran pavimentadas, que las vacas andaban sueltas y que no conocían enyesar un esguince!

¿Quién habrá recibido las cartas que la joven de 22 envió desde Nicaragua a Argentina y Canadá para que la policía chilena no supiera que ella estaba en la revolución? Los datos de Pamela y mi madre que aparecen en el sobre tienen su letra. Supongo que las mandó al interior de otro sobre que llevaba escrita una dirección en Argentina o Canadá, donde un par de desconocidos, con frío, calor, cansancio, tomaron un auto o un bus para ir al correo, pagaron el franqueo y enviaron a Nevería 4630, Santiago de Chile, una carta que en su interior dice:

Pamela, esta noche una mujer me leyó las cartas, dice que va a haber un cambio en mi vida, «un cambio muy feliz». Si supieras cuánto miedo tengo. Creo que he sido una cobarde y eso ha matado grandes cosas que había en mí. «¿Por qué habría de serme tan difícil vivir lo que tendía a brotar espontáneamente en mí?», ¿lo recuerdas?

Escribo la dirección en Google Earth. En el lugar de la casa donde las dos estudiantes de enseñanza media leyeron a Hermann Hesse, hay un edificio de dieciocho pisos. No es extraño que en 1978, como compañeras de curso en la escuela, hicieran el pacto de continuar con su rebeldía por siempre. La frase original de Hesse es ligeramente diferente. «Quería tan solo intentar vivir aquello que tendía a brotar espontáneamente de mí. ¿Por qué habría de serme tan difícil?». En 1919, en Alemania, Emil Sinclair intenta vivir lo que brota espontáneamente de sí. En 1985, en Nicaragua, la joven de 22 se enfrenta a las dificultades que vinieron después de que Sinclair intentara vivir con espontaneidad. Busco el término en el diccionario etimológico: «Ilusio-onis: concepto, imagen o representación sin verdadera realidad, sugeridos por la imaginación o causados por engaño de los sentidos. Esperanza cuyo cumplimiento parece especialmente atractivo. Ironía viva y picante».

La joven de 22 deja el cuarto rosa en Ocotal para salir nuevamente a la carretera. En la frontera los soldados le advirtieron que está prohibido hacer dedo. Desde el horizonte se acerca un camión militar. No es común que lleven civiles. Deben quedar sorprendidos al verla con su dedo en alto. Me gustaría leer el relato de ese viaje, pero la joven de 22 escribe o vive.

Me dejan en Estelí, entro a tomar una leche, veo a dos rubios internacionalistas y les pregunto si saben dónde puedo alojar gratis. Me contestan que solo conocen hospedajes. Dejo la mochila por ahí. Hay tantos militares que a ratos se me olvida que son los buenos de la película. Entro a un supermercado a comprar más leche (mis amebas la reclaman), dos viejos discuten si es el capitalismo o el marxismo el que está en decadencia

Miro las fotografías tomadas por un gringo que viajó a Estelí en 1985. Un niño en una calle bombardeada se da vuelta a responder al llamado de un fotógrafo que busca la imagen de un niño que interrogue la guerra; más niños en una alambrada de púas; una mujer le da de mamar a un bebé; una anciana preocupada porque su hijo no llega y todavía no cuece las tortillas; ojos de niños, mujeres y hombres; los ojos abiertos de Carlos Fonseca. En el Museo de los Héroes y Mártires están las fotografías de los sandinistas asesinados durante la insurrección; en un corral de madera de unos 80 centímetros de alto, el armamento con el que vencieron a Somoza se ha oxidado.

Leo el segundo texto escrito a máquina que encontré junto al cuaderno: «El Carmen, Nicaragua: De cómo se vive la revolución bajo el fuego mercenario». En un papel roneo algo deslucido la joven de 22 relata el viaje a un asentamiento campesino en una zona de combate entre la Contra y el ejército sandinista. El siguiente texto es una hoja escrita por ambos lados en papel copia transparente con la descripción del cuarto que alquilará en Managua.

A mi pieza no entra nadie. Solo Rita se cuela en las mañanas y por las noches para contarme con detalle un nuevo capítulo de su desamor. Tiene 35 años. Yo tengo 22. Antes de vivir en su casa creía que a su edad se acababan los problemas existenciales.

Me gustaría saber qué fue de Rita, contarle que estoy leyendo a una joven chilena de 22 años que la conoció en 1985 en Managua. El último escrito a máquina tiene dos páginas, también en papel roneo. A la primera hoja le falta la mitad inferior y lleva como título: «Introducción».

Si preguntas por el hombre nuevo que leímos en los documentos de la izquierda renovada y que constituye el argumento habitual para dejar fuera al PC; si preguntas por ese hombre en Managua, te miran con cara de: este gringo despistado. Lo máximo que vas a conseguir es que te manden al Ministerio de Cultura (donde estuvo el arbolito que se cayó con el terremoto, 20 varas hacia el lago). Por supuesto el Ministerio de Cultura aparecerá cuando dejes de buscarlo.

Para las versiones en borrador la joven de 22 usa papel roneo que es más barato. Las marcas, los comentarios al margen, las correcciones hacen pensar que escribe, tacha, vuelve a escribir. En 1985 en Nicaragua no es fácil encontrar hojas. Al reverso del artículo definitivo, donde la joven de 22 cuenta su llegada a Nicaragua, hay impreso un documento político del FSLN. «Podemos afirmar con toda seguridad que la actitud política del campesinado hacia la revolución ha pasado de la noción introyectada por la ideología burguesa que alimenta su aspiración a la propiedad privada y a la posesión individual de un pedazo de tierra a la comprensión de la política agraria sandinista. Este es un aspecto que se ubica en el terreno de la lucha ideológica. En el esquema de la burguesía, la reforma agraria debería obrar como un mecanismo de desarrollo capitalista de la agricultura, otorgándole al campesinado el papel de productor del excedente.»

¿Qué se puede contar de un viaje a la revolución?

Desde Estelí me lleva Luis Enrique en un Land Cruiser. Trabaja en una cooperativa, es barbudo, bien lindo, y se detendrá un par de horas en La Trinidad donde me invita a visitar una comunidad campesina. Dice que al unirse a la revolución no sabía leer y que lleva siete años organizando el trabajo campesino; que hay mucha gente contra el cooperativismo y dirigentes que se apernan en los puestos. De la alfabetización apenas se vio el inicio y solo el 25% de los niños asiste a la escuela.

—¿Qué hiciste el 19 de julio?

—Salir a la plaza a contar a los amigos.

Me cuenta que en Managua hay tiendas diplomáticas donde encuentras de todo en dólares y en los mercados populares no hay nada. Por eso, al encontrar a un turista le preguntan si quiere cambiar dólares, para comprarse cualquier chuchería en una tienda. Al principio él fue acusado de estar en contra del proceso por algo que no entiendo, quizás su simpatía por el PC. Me cuenta que está cansado. Hace dos meses que no hace nada y le da cargo de conciencia. Si sigue allí es para legitimarse frente al gobierno, para que le den una beca para ir a algún lado.

—Dime ¿cómo son las mujeres en Chile? ¿Qué se les dice cuando se hacen amigos?

Por el espacio inferior de la ventana, alcanzo a ver a mi vecina barriendo la vereda de la fuente de soda. Si no está limpiando, ordena o renueva su departamento: lámparas, alfombras, la pintura, el felpudo; conoce todas las ofertas de la tienda de casa y jardín donde compré las persianas más baratas. A veces creo que me compadece. Algo pasó. Ha dejado la escoba a un lado para observar el camión que estacionó del lado de la casa con el boquete en el techo. Dos gordos echan a tierra un gigantesco rollo de tela verde. En el pórtico se ponen a descansar, pasan el happy hour de la fuente de soda durmiendo y, cuando el sol se pone, despiertan preocupados de que se les haga noche. Instalan mal las poleas y de pura suerte logran elevar el rollo de tela hasta el techo de la casa de dos pisos.

Mientras estuve en Colombia le escribí a mi hermano contándole que vender pulseras de cuero sobre una toalla que robé en un hotel de Quito, con los artesanos en la calle principal de Cartagena, me permitió mirar el sistema, los políticos, los conflictos, desde atrás. También me di cuenta de que no puedo vivir todo el tiempo, de que necesito registrar lo que veo y pensar. A diferencia de los artesanos que seguían trabajando para comprar bazuco, nosotros íbamos al Festival de Cine de Cartagena. No puedo solo vivir, siento la necesidad de cambiar las cosas radicalmente, pero no a partir de conversaciones, de discusiones, de teorías, conceptos, nombres. En este viaje he descubierto el mundo de la gente común y una ruta, un tiempo, un espacio donde el ser no es una determinación —como tantas veces lo conversamos— sino un estar siendo. Me pregunto cuál es el punto donde se cruzan la vida cotidiana y la vida de las grandes transformaciones

Durante seis meses la joven de 22 carga, junto con la ropa, los cuadernos, los zapatos, el saco de dormir, el peso de una pregunta. Al conversar con los campesinos, los comerciantes, la cuidadora de la escuela y sus hijos, el contrabandista, piensa en las respuestas que se necesitan en Chile para masificar la oposición y derrocar a la dictadura de Pinochet. Desde 1983 que prácticamente todos los meses en Chile se llevan a cabo Jornadas Nacionales de Protesta contra la dictadura; a pesar de que la gente va superando el miedo, es insuficiente para una insurrección. La joven de 22 no entiende que alguien pueda vivir sin conciencia política y sale de Chile con el propósito de conocer esa otra forma de estar en el mundo. En Cartagena de Indias se da cuenta de que no puede aceptar el mundo sin cambiarlo y se plantea la misión de tender puentes entre los que viven en la conciencia y los que están afuera.

Buscando información sobre la vida que se llevaba en la dictadura me topo con una tesis universitaria del 2010: *Los rostros de la protesta*. La autora tenía siete años en 1985 y

utiliza como material de estudio las investiga-
ciones de los y las intelectuales que escribían
en los ochenta desde fuera de las universida-
des y del Estado, en máquinas de escribir, hojas de papel roneo y oficinas financiadas por
la solidaridad internacional. Busco el rostro
de la joven de 22 en *Los rostros de la protesta*.
No aparece su cuaderno, las tres fotografías,
los cuatro escritos inconclusos.

Los albañiles gordos han vuelto a subir al techo, pensé que el esfuerzo del otro día los
había matado. Embadurnan con pegamento
el reverso de la tela verde que subieron hace
unos días. Supongo que la usarán de base para
colocar las tejas. Así se ahorran el maderamen
sobre el que originalmente estaban puestas.
Deslizan la tela verde hasta cubrir totalmente
el techo, el sobrante lo pegan contra el borde
externo de los muros, convirtiendo el techo,
con sus curvas, huecos, desniveles, en una su-
perficie inexpugnable. Siento que me falta el
aire. Golpean a la puerta. Mi vecina me cuenta que ella también está juntando dinero para

cambiar su techo: «Tenemos pensado sacar las tejas que ya son viejas y colocar una tela sintética impermeable que fabrican en China, como la que colocaron en el techo que se cayó, ¿la viste?, dicen que no pasa una gota de humedad para adentro, no entra nada de nada, la casa queda completamente sellada».

De: sandra
Para: cynthia rimsky
Enviado: 19 de julio de 2010 23:52
Asunto: Re: viaje a Nicaragua
Amiga Rimsky, de nuevo me demoré mucho en escribirte. De tus cuadernos no sé nada, qué pena si se perdieron. De tus preguntas sobre mis recuerdos, he estado haciendo memoria y, uh, se me enredan los años, no así las emociones. Eso es lo que más recuerdo. Tu viaje a Nicaragua fue para mí algo admirable. Era todo lo que podíamos soñar. Conocer la revolución de primera fuente, en directo. Lo más cercano que yo tenía eran algunas lecturas y un diaporama de ECO (la ONG) y que, para explicar la revolución, tenía unos dibujitos y la música

de «Tío Caimán, menea la colita». También conocía al Iván, un militante del MAPU que decía que había combatido allá. Pero me despertaba sospechas porque usaba un auto deportivo rojo, muy encendido, y él era medio latin lover. Poco convincente. Para mí, tu viaje era total. Además, ibas con el Pablo, en pareja. También eso era admirable para mí: juntos en la lucha. Yo pololeaba con René y nuestra relación estaba fuera de la lucha. Tenía que ver con la Nueva Ola francesa, los Beatles y con otras conexiones que me gustaban, pero no le llevaban cuento revolucionario. También, reconozco, me daba un poco de susto. La revolución era algo peligroso, aguerrido y yo no era aguerrida. No tengo cartas tuyas, no las he encontrado o quizás no nos escribimos. Sí me acuerdo que alguna vez nos juntamos y leímos una carta que el Pablo nos mandó a todos los del *Claridad*. Pero ahí se me enredan los años porque no sé si seguíamos haciendo la revista. Ahora recuerdo que hicimos un artículo sobre Nicaragua a partir de una carta. Habría que revisar, el Chico tiene la colección del *Claridad*. En aquellos tiempos yo era una militante bien cuadrada. Todo era política y todo lo miraba desde ahí: buenos y malos. En ese tiempo pasó que tú te radicalizaste y yo quedé militando, muy disciplinadamente, en el MAPU, que no era muy radical que digamos. Recuerdo que me alejé un poco porque me metí en el mundo «del partido» y la Convergencia, luego el Bloque, en fin... Me preguntas qué vivíamos nosotros en Chile. Recuerdo que Pinochet volvió a poner el toque de queda. Curiosamente, y si lo pienso bien, no tengo un recuerdo terrorífico. No, porque la vida era con toque de queda y estábamos casi acostumbrados. Era así como vivíamos y si nos juntábamos, nos quedábamos a dormir donde estuviéramos. Esos momentos eran muy entretenidos, miles de conversas profundas, rollos, amores, desamores. Lo recuerdo un poco en penumbras, en distintas casas, la del Pablo, del Mel y, la mejor, la del Rafa en El Salto. Una de esas noches en la casa del Rafa, me acuerdo haber discutido de política, acaloradamente, con el

Jecar Neghme. Cuando lo mataron, estuve muchos días sin poder sacarme de la cabeza esas escenas, mucha rabia y pena. Seguiré buscando cartas. Te quiero mucho.

Las lecturas que Sandra menciona pertenecen a Julio Cortázar y a García Márquez; se relacionan con *Terra Nostra* de Carlos Fuentes y con *Las venas abiertas de América Latina* de Eduardo Galeano. No tengo necesidad de buscar esos libros en mi departamento; durante la dictadura estaban prohibidos y pasaban de mano en mano. Casi nunca volvían a su primer dueño. Quien los tenga ahora se debe preguntar si la persona que subrayó *Nicaragua tan violentamente dulce* continúa deteniéndose en esas líneas o si lo que entonces tomó por drama, es hoy una comedia.

Parece que somos una generación que no cree en fuentes oficiales, preferimos los márgenes, los lugares dislocados. Ya no creemos en grandes relatos, en objetivos, fundamentos, plazos, sino en cosas muy pequeñas y vivas

No le creo a Cortázar. Es difícil hacerlo al comparar la Managua que aparece en *Nicaragua tan violentamente dulce* y esta. Creo que la perspectiva de Cortázar y la de otros periodistas escritores obviamente tiene que ser distinta a la mía. Ellos se bajaron del avión y tuvieron un auto a su disposición, dólares, hoteles, todo oficial. No se les hincharon los pies, no durmieron en el suelo.

Y si no creo en esto, ¿en qué?

La joven de 22 no lee para entretenerse o alardear ante otros. El libro es una hoja de ruta que la conduce junto a sus amigos a transformarse en personas nuevas. Suena extraño que un lector se entregue así a un libro. Ella lo dice en un comienzo, va a Nicaragua a comprobar la veracidad de lo que dicen los libros. Por eso no les cuenta a sus amigos que Cortázar y García Márquez fueron recogidos en el aeropuerto por un automóvil con aire acondicionado, que alojaron en las mansiones que la burguesía abandonó al huir a Estados Unidos y que pertenecen a algunos de los excomandantes del FSLN; que participaron de fiestas exclusivas y que los llevaron a conocer asentamientos y dirigentes sociales ejemplares. Escribo en el buscador los nombres de los escritores que estuvieron en 1985 a favor de la revolución sandinista. «Ese 19 de julio, después del acto de la plaza de la Revolución, Bayardo Arce dijo: "vámonos a mi casa a echarnos unos tragos". Estaban Ernesto Cardenal, García Márquez, Eduardo Galeano, Julio Cortázar y no sé quién más... Pues ahí estuvimos hablando de cualquier cosa, de la organización del pueblo, etc. Pero, indefectiblemente, García Márquez, el Gabo, metió el tema de la literatura. Estaba diciendo que no es cierto eso de las musas, que la mejor musa es una mesa de trabajo con una página en blanco y fajarse, y escribir, y que eso requería oficio. Había que guardar el escrito seis meses y volver a sacar la página y corregirla. Así era el oficio. Empezó a decir que en Nicaragua van a hacer una nueva literatura: "Aquí acabo de leer un trabajo muy bueno y se ve que el hombre, el compañero que lo escribió, lo pulió: se mira que lo trabajó... Es comandante incluso, cómo es que se llama... Se llama

Omar Cabezas". Todo el mundo se volteó y yo me puse colorado.»

Una prueba de la lealtad de la joven de 22 con el relato de la revolución es que escribe sus dudas en el cuaderno y no en los textos mecanografiados. Si sus crónicas llegaran a ser publicadas, engañará a los lectores como Cortázar, Fuentes y García Márquez hicieron con ella. Escribo en el buscador: «qué fue de Omar Cabezas». «La Policía Nacional investiga la denuncia presentada contra el procurador de Derechos Humanos, Omar Cabezas, quien la mañana del viernes amenazó con un arma de fuego a un ciudadano en el parqueo del Colegio Alemán Nicaragüense, cuando el funcionario llegó a dejar a su hija menor. El conductor amenazado declaró: "Discute, reclama el parqueo que ocupé, saca su arma, me apunta, y dice que me va a matar por lo que hice. Entonces se acercan los guardas de seguridad y guarda el arma, pero sigue insultándome"». Paso de largo una segunda denuncia de violencia contra Cabezas. No deseo correr el riesgo de escribir los nombres de los revolucionarios en el buscador y que el cuaderno se convierta en el cuerpo del delito.

Faltan cuarenta y un kilómetros para llegar a Managua. Los montes se estiran hasta convertirse en planicie. El primer letrero es del partido popular social cristiano, anuncios de hoteles con agua caliente. A la gente le faltan ruedas para convertirse en transporte. Está lloviendo como en Somoto, con la melancolía de Valparaíso, como si al final de la lluvia me esperara otra entrada a Nicaragua. Luis Enrique me pregunta dónde voy a bajarme

Las fábricas, grandes, con nombres imperialistas; el partido conservador, el socialdemócrata, más trasnacionales sobre la gente sin ▮▮▮▮▮ ruedas, los semáforos cuelgan de alambres, la naturaleza se traga adoquines y asfalto. Todo el verde de los montes se vino conmigo y me pregunto dónde está Managua, acaso la gente viva en nidos o bajo las aguas del lago. Pasamos unos edificios abandonados: «yo te amo y tú?», las primeras casas de miseria, con color y olor de hollín, el paisaje sigue extrañamente verde, como si lo cubriera un papel celofán o un vidrio pintado. La calle parece terminar en el cementerio, atraviesa un potrero, se pierde, la volvemos a encontrar, cuesta seguirla, aparecen las casas lindas con rejas altas, como en Las Condes, Vitacura, entramos a un laberinto, no hay una calle recta, centros comerciales, Avenida Salvador Allende, la Esso, la Shell, la Texaco, el guerrillero combatiente. Al fondo, en grandes letras blancas: ~~FSLN. Otro cerro verde~~. Tengo miedo de no encontrar aquí cafés y conversaciones patafísicas, cine clubs, un centro estrecho, tiendas anticuadas, una ciudad donde me pierda y me encuentre. El jeep da vueltas por este rompecabezas que Somoza se aburrió de armar, descubro que no hay ████████ paredes chillonas o barrios hediendo a licor y a oscuridad. Un desfile de banderas rojinegras aletea en los tejados de las instituciones que antes obedecían a una sigla y ahora a otra; los techos han perdido las tejas, las casas se protegen del rigor de la intemperie con planchas y encima del zinc colocan piedras, igual que en Honduras, Colombia, Ecuador, Perú... aquí también hay muros, rejas, puertas metálicas, alambradas

El Land Cruiser entra a Managua por la carretera norte. Los autos que circulan son viejos y les faltan piezas, las ventanas cierran hasta la mitad. Sentada junto a Luis Enrique, la joven de 22 comprueba con decepción que Managua es una capital como cualquiera de las que conoció en el viaje. ¿Qué le hizo pensar que hay otra manera de habitar la revolución?

Querida Pola, quedé triste, con rabia al leer que estás mal. Sé de ese país de mierda pero no creas que es solo el país, es una. Con este viaje el país no se fue. No sé dónde o cómo hay que volver a creer que nosotros podemos no renunciar a lo que creemos, a la revista *Claridad*, al amor, a la rebeldía... Tal vez nosotros sí podemos seguir siendo nosotros a pesar de que nos convirtamos en adultos y tengamos que trabajar. Tal vez sí tenemos un hueco que ocupar en el mundo, un hueco nuestro, original, no lo sé, tal vez nos falta probar, intentarlo... Se me ocurrió la otra noche que mi papá tiene una casa preciosa al estilo de las de Valparaíso a cuatro cuadras de Mapocho, en Maruri. Se la voy a pedir y los invitaré a vivir juntos. Tiene cinco piezas. Una será la sala de redacción de la revista. Tiene dos parrones y un cerezo. ¿Te parece? Aunque suene a medio cuento infantil yo no lo siento así.

Me pregunto cómo voy a archivar las cartas de la joven de 22 que me llegan de vuelta: ¿viaje, juventud, dictadura, años ochenta? En los cuadernos que sí recuerdo haber escrito durante mis viajes siempre anoté datos de hoteles o de conocidos de amigos que podían recibirme en su casa la primera noche. A la mañana siguiente salía temprano, sin el peso de la mochila, a buscar un alojamiento definitivo. En el cuaderno Universal no encuentro información sobre el lugar donde la joven de 22 piensa pasar la noche que ya despunta en

Managua. En la parte de atrás hay una lista de personas que conoció o quiso conocer para entender la revolución. Escribo en el buscador un nombre al azar.

De: Eliseo S.
Para: cynthia rimsky
Enviado: 21 de diciembre de 2012 15:46
Asunto: Re: Nicaragua
Querida Cynthia: Gratísima sorpresa recibir un correo tuyo, debo disculparme porque ya a los 70 años se me van olvidando algunas cosas, pero si me envías algunos comentarios, ideas sueltas, lugares o personas, seguramente les recordaré. ¿Dónde están?

De: cynthia rimsky
Para: pablo
Enviado: 20 de julio de 2010 21: 37
Asunto: Re: respuesta a la interrogante existencial
¿sabes dónde alojé en Managua?

De: pablo

Para: cynthia rimsky

Enviado: 20 de julio de 2010 21: 42

Asunto: Re: respuesta a la interrogante existencial

Recuerdo que me fui solo, a dedo, de noche, y me quedé en un hotel de las afueras donde me atrapó una muñeca de la costa del Caribe y me tuvo raptado un par de días. Nos volvimos a encontrar en Managua, en un lugar donde se juntaban los chilenos. Ahí conocí a la mujer del hombre sin mano y creo que luego te la presenté.

De: cynthia rimsky

Para: pablo

Enviado: 20 de julio de 2010 23:05

Asunto: Re: respuesta a la interrogante existencial

¿Por qué te fuiste tan pronto de Managua?

De: pablo

Para: cynthia rimsky

Enviado: 20 de julio de 2010 23:49

Asunto: Re: respuesta a la interrogante existencial

Creo que viajar y descubrir era lo que me atraía y al llegar a Nicaragua sentí que no era lo mío. Fue como otro país más, más pobre, más desabastecido, que visité. Tampoco fui un buen observador y no dejé registro, así que tendría que hacerme una regresión hipnótica para recordar. Recuerdo apenas una ciudad sin veredas, avenidas con adocretos, sin semáforos, la coca cola venía en una bolsa plástica con pajita, pocas fiestas, una ciudad que se acostaba temprano. Los nombres están borrados, las caras también. Ahora que lo pienso, me di cuenta de que en Nicaragua sería siempre un turista y eché de menos Chile y tener un lugar. Aunque si pienso mis pasos después de que volví, estuve involucrado, pero nunca me creí el cuento del año decisivo, era como estar con un pie afuera. El viaje a Nicaragua me sirvió para comenzar a descubrir que el periodismo no era lo mío, que era un mejor vago y observador distante, que buscador de la noticia. Mis estándares ya estaban alicaídos y a mi regreso a Chile, la vida de periodista fue breve y solo una fuente laboral que no me generaba entusiasmo. Tal vez seguí siendo un extranjero habitando tiempos que no eran míos.

Abro los ojos: mi cuarto no tiene techo. Cómo voy a vivir, de dónde sacaré el dinero para reparlo y a un albañil que cumpla. Caigo en cuenta de que he despertado en un sueño. Cuando despierto realmente, voy hacia la ventana y tiro del cordel. La persiana cae. Paso por encima y abro las dos hojas: todos los techos de las casas, las bodegas, las tiendas de ropa y galerías comerciales del barrio son falsos. Lo que tomé por tejas cerámicas y planchas de zinc son telas sintéticas que imitan el color y hasta la textura de la arcilla y el zinc. Le pregunto por teléfono a mi vecina, que baldea una vez más la terraza de la fuente de soda, si la propietaria anterior del departamento cambió el techo original de tejas. Cree que poco antes de partir al hospital, del que no volvió, contrató a dos hombres para que cambiaran el techo. Le pregunto si colocaron tejas nuevas o un material sintético de imitación. No recuerda. Le pido que mire hacia arriba y me diga de qué material es el techo que me corresponde.

De: pablo
Para: cynthia rimsky
Enviado: 20 de julio de 2010 23:59
Asunto: Re: respuesta a la interrogante existencial
¿Puedo hacerte una pregunta? ¿Qué dejaste atrás para siempre cuando volviste de Nicaragua?

Mi vecina vuelve con malas noticias, la copa de agua no le permite ver el techo de mi departamento. Larenas, ese es el apellido de Rita. Hace cinco o más años llamó por teléfono a mi madre porque estaba en Chile y quería contactarme. Tú andabas de viaje, me explica mi madre recién ahora. Escribo su nombre en el buscador. Murió de cáncer.

Una cooperativa que produce granos básicos y hortalizas, integrada por treinta y seis socias mujeres en el sector Las palomas, lleva su nombre.

Luis Enrique me pregunta si tengo un familiar o algún amigo que me esté esperando. Pienso en el Pablo que no sé dónde está, acordamos encontrarnos en la Plaza de Armas en tres días más. Cuando nos estemos acercando al centro, le diré que me deje cerca de la Plaza de Armas. Ahí siempre hay hoteles. En la oficina de turismo me pueden dar información, pero en la revolución no hay oficina de turismo. ¿Ya decidiste dónde quieres bajarte?, me vuelve a preguntar. Un cartel anuncia que ██████████ más allá la carretera norte se divide en tres. Le pido que me deje en el centro. Me dice que en Managua no hay centro. Cómo que no hay, ~~le pregunto. Dice~~ que lo destruyó el terremoto del 72 y que no lo han vuelto a reconstruir. Pero hay Plaza de Armas... Tampoco. ¿Y hoteles? Después del terremoto se descubrió que en toda esa zona hay una grieta y no se puede construir encima. ¿Alguien de aquí de Managua sabe que llegas hoy? Me doy cuenta de que tiene miedo de que yo no tenga dónde ir y él deba hacerse cargo de mí. Me propone que busquemos un teléfono público para que yo pueda llamar a mis amigos y él después me va a dejar donde ellos me indiquen. No quiero preocuparlo. Pero tiene que haber un centro, le digo, y se ofrece a llevarme para que vea que está vacío

LA SALVADA

La joven de 23 hizo parar el bus en la carretera panamericana, en algún punto al norte de Lima. Hace tres meses que salió de la revolución, está sin dinero, pudo haber negociado un precio con el ayudante del conductor, tengo una imagen suya pensativa en el asiento junto a la ventana. En breve estará de vuelta en la dictadura. Imagino que se siente confundida, cansada, tal vez angustiada. El bus se dirige a Ilo o Arequipa, cerca de la frontera con Chile. Tiene el walkman encendido, no le deben quedar casetes o se cansó de las canciones que trae en la mochila hace dieciocho meses, y sintoniza una estación de radio local donde escucha la noticia.

El recuerdo del brazo se presenta tan diáfano, como si también yo estuviese en el cuarto de la joven de 23, en Managua, cuando la empleada entra a limpiar y lo descubre entre las sábanas, cortado más arriba del codo. De madrugada, ante la casa donde la joven de 23 alquila el cuarto de servicio, se escucharon disparos. La mujer del manco intentaba amedrentar a su esposo, en la cama de una plaza con la joven de 23. No sé si el matrimonio habló en la calle y él volvió. Si la empleada descubrió el brazo por la mañana, la esposa tuvo que haber regresado a su casa sola, con la vieja pistola que los internacionalistas usaron para combatir a Somoza y que esa noche disparó para separar a su marido manco de la joven que fue a dedo a conocer la revolución.

La joven de 23 los había conocido unas semanas atrás, en un encuentro de chilenos internacionalistas con empanadas y vino navegado. Él perdió su brazo en la guerrilla contra Somoza, fue un error, una bala de mortero disparada por un compañero rebotó, antes que se dieran cuenta un perro se llevó el brazo y tuvieron que ponerle un verosímil de caucho fabricado en Alemania.

Si la joven de 23 es la mujer de 57 que escribe, como quiere este texto hacerme creer, debo reconocer que en esa época me complacía actuar como una joven revolucionaria idealista y pura ante los cuerpos izquierdistas, abotargados por el whisky, la corbata italiana, el auto japonés, la casa en Ñuñoa, símbolos de la transición chilena; presenciar cómo volvía a aflorar en ellos el idealismo, sobre todo la parte en la que creían que podían reencarnarse. Me excitaba verlos salir de mi casa muy temprano y en puntillas meterse en el pequeño auto japonés para no llegar atrasados a la consultora, al gobierno, a recibir el sobresueldo. Pero la joven de 23, convencida de haber cruzado América Latina para tocar con la punta de sus dedos una revolución, debe haber estado sentimental esa noche ante el excombatiente con mala suerte.

En todas las visitas que hizo a la pequeña casa del manco, en un barrio de prostitutas, la esposa pistolera se burló de él debido a que todos los excombatientes vivían en casas lujosas, tenían cargos bien pagados, autos, viajes, colegios particulares para los hijos; en cambio, el manco se rehusaba a llamar al comandante, que combatió con él y que ahora dirigía el Ministerio de Vivienda, para pedirle trabajo como arquitecto en una obra grande, costosa, que le otorgara dinero, mucho, y fama, mucha.

El manco callaba. La pistolera más lo humillaba.

Los momentos en los que el murmullo se hacía más pegajoso, la joven de 23 le decía en voz baja que admiraba que él no se hubiese doblegado. Entonces el manco revivía para ella la decisión de abandonar su exilio en ciudad de México, a su primera esposa —que realmente amaba— y al hijo que tuvieron juntos, para ir a combatir contra Somoza; le contaba cómo entraron triunfantes a Managua, un puñado de idealistas, flacos, desarrapados; sobre todo la acariciaba, y el brazo fantasma volvía a sentir, a través de ella, la pureza del ideal que aquella tarde se llevó el perro entre sus fauces.

¿Es posible que la joven de 23 sintonizara justo esa radio peruana cuando daba la noticia del incendio en un hotel de Bluefields en la costa este de Nicaragua? El trabajo que consiguió en la revolución fue en una cadena de radios populares, en un minúsculo cuarto con una ventana a ras del cielo falso. Había tres teletipos que regurgitaban rollos de papel continuo con las noticias del mundo mundial. Política, economía, cultura y curiosidades. A algún periodista le debió parecer exótico que en el incendio de un hotel en Bluefields estuviera involucrado un arquitecto chileno contratado por el gobierno sandinista para construir un hotel de lujo que le daría divisas para resistir el bloqueo estadounidense.

En 1986 solo los militares sandinistas viajan en aviones de la fuerza aérea a Bluefields y a la costa este. Los misquitos, originarios de la zona, están contra la revolución, también la población creole, negra y mestiza. En el 2007 se puede viajar en avioneta comercial o por tierra, en una combinación de bus y panga. La mujer de 45 compra un pasaje de Santiago a Managua. No siente un deseo especial de ir a Nicaragua. Este año, angustiada por la falta de dinero, se avino a escribir guiones por encargo y aceptó incluir en ellos entretención, mucha, excluir pensamientos, todos, intensificar sentimentalismos... y ganó dinero. Ahora siente el deseo de huir, lejos, a gastarlo en Bluefields. No toma en cuenta que el fantasma del primer viaje se hará presente en el segundo. O eso desea, que el aliento perverso del idealismo de los 23 caiga en su cuerpo desconfigurado por la transición que la joven, que se pensó siempre de 23, no alcanzó a imaginar.

Un hotel que da a la calle, un hotel económico, con un balcón de madera desteñida, como una de esas postales coloreadas a mano. Pórticos, columnas dóricas, mecedoras, ventanas amplias con postigos que dejan el sol fuera, fotocopias de una New Orleans repetida en una máquina con la tinta agotada, antes de ser arrasada por Katrina y luego por el ciclón inmobiliario que hasta aquí no llegó.

A la mujer de 45 le llueven advertencias sobre los peligros que corre una extranjera sola en un puerto como este al oscurecer; compra comida en la calle, cerveza o ron, y en el balcón del hotel la mece el olor pastoso de los sargazos estancados en la orilla. La fantasmagoría tropical se desmigaja. Ya no atracan barcos con marineros extranjeros y las langostas que le dieron fama a la costa huyeron mar adentro. Si existían fábricas, cerraron. La gente va y viene, como si el movimiento generase un trabajo que en algún momento será remunerado. La de 45 también, de día sube y baja, a lo largo y ancho. Con la noche, la advertencia del horror la devuelve a la mecedora. En esos trayectos no recuerdo cómo o cuándo encuentra a un hombre que conoce la historia del incendio del hotel.

El bar es demasiado amplio para los que todavía conservan la costumbre de beber, hay algunas pocas mujeres de piel oscura, caderas anchas y tetas grandes, el poliéster demarca el exceso de frituras y alcohol, recalienta la piel, gotitas perlan las sombras del relato. Esa tarde, el que sabe la historia del incendio le cuenta a la de 45 que estuvo con el manco bebiendo ron, como ellos dos en este momento en el bar que les queda grande. El excombatiente quiso volver al hotel a ducharse y cambiarse de ropa antes de reunirse nuevamente en otro restorán a cenar y beber. No hay más qué hacer en este lugar por las noches, le advierte a la de 45 el que sabe la historia. También él volvió al cuarto que alquilaba en una casa particular. Allí escuchó las sirenas. Al acercarse a la columna de humo, lo asaltó un presentimiento, las últimas cuadras tuvo que abrirse paso; un incendio resulta una atracción en un lugar carente de acontecimientos.

El viejo hotel ardía, los bomberos mal equipados no conseguían separar la madera del fuego. ¿Se supo el origen?, pregunta la de 45 sospechando un complot antisandinista. Las instalaciones eléctricas, es un milagro que no arda toda la ciudad. La de 45 recuerda los cables grasosos del hotel y siente miedo.

El hombre que sabe la historia del incendio le cuenta que cuando llegó, el manco estaba a salvo en la calle. Había salido con lo puesto, le dejó al fuego todas sus pertenencias, incluidos los planos del hotel de lujo. Como no había más que hacer, decidieron ir a beber. Fue cuando escucharon el grito; no supieron de dónde venía hasta que la voz pidió ayuda por segunda vez. La mujer debió estar durmiendo cuando entraron los bomberos. Al despertarse se vio cercada por las llamas. Los bomberos evaluaron los riesgos; la estructura se iba a desplomar en cualquier momento, si por un milagro llegaban al piso superior, el fuego no les permitiría salir.

Intentamos detenerlo, le cuenta a la de 45 el hombre que sabe la historia, pero el excombatiente se deshizo de los brazos que lo intentaron. Permanecimos en la calle, rogando que apareciera con vida, cuando en el techo vimos la silueta de la mujer desdibujada por el humo. El manco la condujo hasta allí con la idea de arrojarse ambos a la lona que rápidamente los bomberos tensaron para recibirlos. La desconocida se negó a tirarse, a pesar de que los bomberos tenían firmemente agarrada la lona y el manco insistía por detrás, ella se aferraba a la baranda. Desde la calle veíamos cómo él intentaba convencerla. Le suplicaba. Las llamas avanzaban y ella no soltaba la baranda. Él le sacó una mano a la fuerza, al ir por la segunda, la desconocida se volvió a agarrar de la primera. Y así. Cuando al fin cayó en la lona, el hotel se desplomó. Encontraron el cuerpo de Danilo carbonizado. Lo identificaron por el brazo falso. Se había derretido a su lado.

Esa noche en el hotel desvencijado la mujer de 45 no puede dormir. Teme por las conexiones eléctricas, se levanta y sigue la ruta de los cables hasta el pasillo, el balcón, los demás pisos, la calle... las junturas con cinta aisladora, el pegamento ya vencido, representan un milagro. Tal vez si hubiese investigado antes sobre Bluefields, sabría dónde ir o qué hacer. ¿Importa el lugar en el que gastará el dinero que obtuvo por escribir lo que no piensa? El hombre que sabe la historia no recordaba a la desconocida que el manco salvó del incendio. En esos veintiún años nunca olvidó la historia, sí a ella. Era tal la confusión, el ruido, el polvo, el derrumbe, no parecía herida, se debe haber ido caminando, habrá buscado otro hotel, ya estaba oscureciendo... días después alguien la vio subirse al ferry que va a Corn Island. No sé si es verdad, los de la radio la buscaron para entrevistarla y tampoco apareció.

A la mañana temprano la mujer de 45 pasa por el puerto. En una sala oscura a la que le falta gran parte del maderamen, sobre bancos sin respaldo, esperan los pasajeros el ferry que cruza a Corn Island. Se sienta y aunque no tiene planes de viajar revisa como todos los que entran el papel con los horarios de salida del ferry. Alcanza a ir al hotel, hacer la maleta y tomar el próximo. Desde el océano ve las casas decadentes de Bluefields. Era una megalomanía construir allí un hotel de lujo, un puerto decadente como ese no va a convertirse jamás en un destino turístico que atraiga divisas.

El sol se esconde, la botella de ron corre, el mar se vuelve tibio. ¿Será lo que provoca las risas? El chiste es quedarse en el agua haciéndose noche, bebiendo entre desconocidos. Más tarde, el chiste será quitarse la arena bajo la ducha, cenar en un parador barato y beber en el bar Paraíso en la playa larga. Los isleños estarán esperando junto a las reposeras para ofrecer cocaína, marihuana, éxtasis, pasta base. A la mujer de 45 le quitarán el dinero, correrá sola de noche por la playa para deshacerse del parásito que se hizo a la idea de vivir de ella a cambio de un dudoso placer que la sobredosis le impide entregar.

Demasiado temprano para los turistas, tarde para los y las isleñas, la de 45 se aleja del escuálido centro, de las cabañas para turistas ricos del Paraíso, del ejército de empleadas que rastrilla la playa, apartando botellas, bolsitas con restos de polvo, colillas, preservativos, papelitos con los nombres donde encontrarse a la luz del día: Island Roots, Marta's, Paraíso Beach, La Princesa.

La escritora de 57 no sabe lo que la de 45 está pensando, de seguro algo que no concierne al lugar, sino a esa vida desconocida que transcurre en su mente. En un punto del camino encuentra al español que conoció en el ferry, caminan mucho, no saben adónde. La de 45 siente la necesidad de separarse de él. Busca una sombra. Pasa horas saciándose de la sombra hasta que se acerca un extranjero delgado y calvo. Se levanta y camina. Más adelante hay una extranjera tirada en la arena y otra en el mar. Le dan deseos de bañarse. Se tiende en la arena hasta que el sol le picotea la piel. Se levanta y camina. Un letrero de madera advierte que esa reducida playa con dos gigantescos árboles de mango, dos mesas con sillas de madera y hamacas, un bote, una casa de chapa y un fogón en el piso, es un Jardín del Mar. Un alemán blanco como el papel le cuenta que el café también ofrece alojamiento, por ahora, en hamacas. La visita al baño la hace dudar. El alemán le dice que no se puede tener todo.

La segunda noche comienza igual a la primera. La botella de ron, la puesta de sol, el círculo, las risas... Aparece una francesa flaca y bronceada, de pelo corto canoso. Tose mucho. El español la conoció en México, tiene acento de allá. La mujer se despide o más tarde tendrá que pagar un taxi a su alojamiento. La de 45 cree que en realidad no desea estar sola y se ofrece a acompañarla más tarde con el español.

De madrugada ante la conservera de langostas, el español propone tomar un taxi.

La de 45 se burla de su falta de caballerosidad. Caminan los tres por la orilla de la playa, cruzan un basural entre dos palmeras, a falta de calles, vadean las casas de chapa remendadas y sostenidas en vilo por maderos recogidos en el mar; pozos sépticos, fogones tiznados, raíces que levitan, objetos plásticos, cables, trozos de maquinarias, propaganda sandinista, restos de campañas de sanidad, bidones, cajas de motores fuera de borda con instrucciones en chino, el proyecto sandinista de salvación nacional agujereado por la indiferencia. Ninguno de los tres sabe hacia qué dirección queda el mar o el centro. A los ladridos se asoman los niños a pie pelado, en calzones, curiosos ante los invasores extranjeros. En un lenguaje que puede incluir más o menos palabras en español, según lo quieran hacer más o menos incomprensible, transmiten hacia las casas lo que ven. El español le dijo a la de 45 que la francesa ya estuvo antes en la isla. Si fue así resulta extraña su desorientación. Tiene edad para haber estado en el incendio. La pregunta es por qué o de quién necesitó ser salvada. Desde que el hombre que sabe la historia le contó que la desconocida tomó el ferry para venir a la isla, la de 45 tiene la imagen de la salvación como un cañón que dispara una bala humana al otro lado del océano. La salvada pudo haberse quedado en Bluefields o pedir que la devolvieran a su casa en un avión militar. Llegó a la isla envuelta en una estela de humo. Pasaron meses hasta que se desvaneció el olor a quemado. La oscuridad no les permite ver. Mira esos dos cocoteros, ¿no te orientan?, le pregunta la de 45. La francesa se arrima a ella como a un faro. Las dos inglesas que la acompañan se irán mañana, ella también tendría que partir pero haber encontrado un faro que la devuelva al alojamiento por las noches la lleva a posponer el viaje. Los cuartos son tres, pareados, en fila, con baño propio, mosquitero, ventilador. Es barato y no queda en la línea de los parásitos.

La mujer de 45 aprovecha que la francesa sale temprano para volver al Jardín del Mar, al alemán, las hamacas, los mangos gigantes que dan sombra a las dos mesas con las sillas de madera que durante la marea alta chapotean en el agua.

Al desayuno, la marea está baja.

La dueña es poco más que una adolescente, a excepción del rictus descontento. Sus dos hijas y el niño parecen uno solo. Un viejo arrugado llega desde el mar en el *Blue runner*, lo amarra al árbol y enciende un cigarro. El bote, jubilado como él, debió servir para la pesca y continúan saliendo juntos. La dueña del café y el marido aceptan con naturalidad que pasen el día en el Jardín. Todas las mañanas se repite la secuencia: a la izquierda, donde comienza la verdadera playa, algún extranjero toma sol, el agua es oscura, la corriente golpea los maderos varados en la arena. En el interior de la isla sostienen las casas, aquí decoran el jardín. El alemán pasa delante de la cocina con una radio; quiere convencer a la dueña de que ponga música para atraer turistas. El esposo se niega, podría venir demasiada gente y eso aumentaría su cansancio. El alemán se sienta en el bote a manipular las perillas. El viejo lo limpia como a una casa. Nadie se mueve, al menos hasta el mediodía.

Para ir al encuentro de la francesa tiene que volver a pasar delante del cuarto. En el camino se cruza con una choza, construida como las demás entre la basura. Uno de los chicos tiene por obligación pasear diariamente a una cabra, demasiado limpia para pertenecer a esa casa, tampoco es cualquier cabra. A pesar de que tiene una cuerda atada al cuello, no se deja llevar por el niño. Es una desobediencia constante. Temiendo que el tironeo le provoque una herida en el cuello, el chico baja los brazos y se deja llevar por su amor hacia ella.

¿A quién le cuenta la de 45 estas observaciones que escribe en el cuaderno Cuadriculado de 7 mm? Si fuera una escritora, estaría tomando apuntes para un libro; habría que preguntarse si llegó a incluirlos en uno. Pero la de 45 vino aquí a olvidar lo que aprendió a escribir por obligación, no a trabajar. En algunos párrafos, la mayoría tachados, añora la presencia de un hombre. No explica por qué lo dejó o si él rompió la relación y la de 45 vino a pasar la pena a Nicaragua. Seguramente en el período que estuvieron juntos a él le gustaba escuchar lo que ella miraba. Si su propósito es volver a seducirlo, por qué no le manda una carta. Una frase del cuaderno lleva a la de 57 a pensar que el hombre está en la isla de una manera distinta, como un ideal: «La isla es pequeña pero pueden no encontrarse. ¿Lo dejará al azar?».

La francesa tiene una de esas historias dramáticas con todos los ingredientes para un guion: mujer sensible con un pasado oscuro que sale a la luz en el presente y la hace zozobrar. Más encima, el hijo, que tuvo con un narco mexicano de poca monta y al que crió sola en Francia, le roba el dinero, choca el auto y, en ataques de ira incontrolables, destruye el departamento que alquila. Ahora que ella está en la isla, roba una tienda y jura que va a suicidarse. La francesa solo atina a preguntarse qué llevó a su padre a desheredarla. De carnicero del pueblo, el padre pasó a vender paté *foie* a la clase política, se volvió clase política, en las cenas hacía entrar a la hija y al nieto moreno por la puerta de atrás. Igual a los guiones que la de 45 volverá a escribir en Chile para ganar dinero. Ahora que aprendió a separar los pensamientos de la entretención, de la emoción, del humor, le encargarán más guiones. Como le va a sobrar dinero, estará obligada a venir al Caribe a gastarlo con una francesa obsesionada por entender la cabeza del carnicero que le dejó todos los hígados de patos cebados con maíz por una sonda, a la madrastra y al hermanastro. La de 45 evita pensar qué será de ella si continúa escribiendo lo que no piensa. En los silencios, tendidas al sol, la francesa y la chilena tejen la fantasía de la heredera y del amor ideal.

¿Cómo se busca a una salvada? ¿Pregunta a todas las mujeres si en 1986 algún hombre dio la vida por ellas, les pregunta si querían salvarse o el manco las obligó?

La venta que la francesa visita por las mañanas no tiene nombre. Por una pequeña abertura se atienden y despachan los pedidos, que son pocos. La habitación interior permanece oculta de los compradores gracias a una totora tan ingeniosamente colocada que inmediatamente se sabe que no es cualquier ventera la que lleva el negocio. A la francesa le gusta venir aquí porque prepara su café y únicamente paga los insumos. En días como hoy, también se queda a almorzar. La mujer de 45 no sabe si la invitaron al rondón para disminuir los costos o si, impulsada por los celos, la joven ventera inventó el acontecimiento culinario para conocerla. Por la importancia que se da ante ella, parece lo segundo.

La preparación del platillo resulta extremadamente engorrosa y lenta. Los ingredientes son difíciles de encontrar, el hermano taxista de la ventera se confunde o no encuentra del tipo necesario y compra otro. Su hermana se enoja. El taxímetro lo pagan la francesa y la de 45. Entretanto podrían cortar en juliana la cebolla mediana, las dos chiltomas, la libra de yuca, pero falta el quequisque y la mitad de la fruta de pan. Podrían poner los dos litros de leche de coco a hervir, pero si el hermano no consigue el quequisque y la mitad de la fruta de pan, la ventera se niega a cocinar rondón. La francesa no solo va allí por el café. La ventera alquila un celular. El hijo en Francia no contesta las llamadas desde Corn Island o se rehúsa a hablar del abogado gratuito que le puso el Estado. A la francesa todavía le queda ir a México a despachar a Europa las chucherías que manda a hacer en pequeños talleres sobre la base de sus diseños, y que posteriormente venderá a lo largo de la riviera azul, siempre sola, arriba del auto en el que también duerme. Así gana el dinero que el hijo le robará los inviernos. Si su padre carnicero le hubiese dejado la parte del *foie gras* que le corresponde en justicia, el hijo no habría destrozado la tienda y no tendrían que contentarse con un abogado de oficio.

Almorzar se vuelve tan difícil. El hermano taxista consigue el medio fruto de pan y el quequisque. La joven ventera los acepta a pesar de sus imperfecciones. Tiene una moral higiénica implacable que aplica tanto al sandinismo como a su hija, la familia, los vecinos, nadie se queda sin su tajada de juicio.

Y aunque el piso es de tierra no sopla una brizna de pasto.

La venta que mandó a construir con el dinero que trajo de Costa Rica está hecha de materiales disímiles, por ejemplo, del lado de adentro, las chapas de terciado tienen impresos lemas del FSLN. La de 45 ha visto las mismas chapas verdes en el exterior de las demás casas; desconocía que por dentro sus habitantes conviven con los lemas de la revolución. Ahora sí pueden hervir la leche de coco, agregar las hojas de cilantro, las cebollas, las chiltomas, la carne ahumada... La carne ahumada no está buena, el hermano confiesa que no alcanzó a ir a la carnicería. La francesa tiene hambre, solo han bebido cervezas. La ventera le grita al hermano que vaya por pescado donde uno que fía. La francesa opina que limpiar y trocear les llevará su tiempo. A la ventera le importa más su prestigio.

En el taxi rumbo a la casa del pescador, el hermano de la ventera le cuenta sobre la niña negra que escapó de Whoula Point. Días más tarde se descubrió que tomó el ferry a Bluefields. Allá durmió donde unos parientes que le sonsacaron que se dirigía a Costa Rica. La desaparición fue noticia durante varios días. La madre de la niña había huido de la casa dejando a sus nueve hijos. Se dijo que vivía en Costa Rica.

La de 45 pensó que Bluefields era el destino final escogido por la mujer salvada, por eso le pareció plausible que huyera a Corn Island. ¿Y si venía huyendo de la isla? Un día, como sucede en estos dramas que sirven para un guion, el mayor de los nueve hermanos y hermanas partió a Costa Rica. Cuando volvió a la isla, contó a sus hermanos y hermanas que la madre vivía en San José y se negaba a volver.

La ventera tenía diez años cuando hizo noticia por varios días.

Ahora se asegura que la francesa no está escuchando y le cuenta a la de 45 que su jefa en la importadora de Costa Rica donde trabajó doce años tenía mucho dinero. Un anillo de oro en cada dedo, exagera la ventera. El dije de jade que lleva al cuello se lo regaló su jefa. Acércate para que lo veas bien. Le cae entre las tetas, duras, azuladas como su piel, excepto los labios, el dorso de las manos, el interior de su boca. Estuvo los nueve años loca por mí. Va y viene del rondón a la mesa con el sigilo de una pantera que circunda a su presa. Por qué la dejaste entonces, le pregunta la de 45. No quería que me fuera, me ascendió de administradora de ventas a jefa de personal, cumplimos ocho años juntas, me suplicó, quiso encerrarme con candado, pero cuando yo tomo una decisión, nadie me hace cambiar, confirma orgullosa de que su tozudez valga más que el oro. A continuación se agrega achote, chile, sal, pimienta, sazón. Cuando la cabeza de pescado está casi cocinada, se añade la yuca, el quequisque, la fruta de pan cortada en trozos, los plátanos maduros y los bananos, los trozos de pescado, la promesa del hermano de que esta noche las llevará en el taxi a una fiesta al otro lado de la isla y que les cobrará únicamente el combustible. El primo, que consigue la coca, únicamente la comisión del dealer. La de 45 no sabe si son afortunadas o si las incluyen en un modo de funcionar. La choza sin paredes, las botellas de cerveza flotando entre los icebergs, el pegajoso calypso, el papelillo en el baño, los cuerpos oscuros de caderas anchas, tetas grandes, el poliéster que marca el exceso y recalienta las gotitas que perlan la pista de baile, el papelillo, la pantera, el apretón contra la pared del pasillo, su piel resbaladiza, azulina, perfumada. Qué haces, protesta la pantera. La de 45 no cree haberse equivocado. Me vas a desarmar el peinado.

De tanto pasar las mañanas en el Jardín del Mar, se le hacen familiares la playita, los dos árboles de mango, las sillas con las patas en la marea, el rictus de la dueña, el cansancio del marido, los maderos del naufragio. La de 45 ha resuelto dos dilemas: el alemán le paga al viejo para que venga todas las mañanas al Jardín en el bote jubilado y lo amarre al árbol de mango con la excusa de que saldrán a pescar; dice que si no los ven pescar se debe a que van de noche y no vuelven con pescados porque una mala noche le toca a cualquiera. La dueña de la cabra desobediente que pasea al niño rendido al amor es una gringa que vive en la mansión construida por un americano con apellido de pirata. Hoy el viejo, propietario del *Blue runner*, trajo un bidón con gasolina. El alemán se sienta en el bote a leer. El viejo, en la banca de atrás, con el bidón de gasolina a los pies, fuma.

La de 45 deja sus cosas en la silla y se mete al mar de la playa de verdad, le dicen así porque tiene olas furiosas. Se para donde la espuma pierde fuerza. Comprueba si Mauricio está mirándola. Es el nombre que le pone en el cuaderno Cuadriculado 7 mm al hombre que dudaba encontrar al azar en la pequeña isla. A la de 57 no le parece un nombre real. Debe tener contemplado que más adelante espiará el cuaderno y, como no quiere que descubra que escribe sobre él, le pone ese nombre falso. La de 45 avanza hasta que la espuma se pone peligrosa. El Ideal —la de 57 rebautiza así a Mauricio— se comporta como si no se conocieran y se sumerge solo bajo las olas. Ella lo imita. Del otro lado viene una más grande. Busca con sus ojos los del Ideal. Si retrocede, la ola le caerá encima. La corriente la empuja mar adentro. Ella siempre se mostró como una mujer independiente. ¿Acaso no vino sola hasta acá buscando salvarse de la autodestrucción de él? Para evitar que las olas rompan en su cuerpo se obliga a avanzar. El Ideal disfruta de espaldas la calma que hay al otro lado del oleaje. Es imposible que no haya visto el miedo en su rostro, ¿por qué no va hacia ella y la salva del peligro? Una ola la toma de sorpresa, la revuelca, sale a flote, le cae otra, traga agua, rueda como un trompo liberado del cordel, el peso no la deja asomarse a pedir ayuda, se le llena la boca de arena, un cuerpo con el que choca detiene la vorágine. La toma de la cintura, la levanta. Siente el pene duro y tibio contra su estómago. Es el Ideal.

La tos de la francesa traspasa los muros del cuarto desocupado entre ellas. Por la noche pasan sus ronquidos, un grito, suspiros. Por la mañana sus pasos resuenan como si caminara alrededor de una celda. La de 45 sabe que es hora de levantarse e intercambiar un saludo. Han llegado a sincronizar el hambre, las pisadas, el deseo de ir a la playa y de partir, el sueño, el papelillo de cocaína, en realidad, un globito de plástico atado con una tira del mismo material. Una sola vez les vendieron un papel y cuando lo fueron a abrir la humedad había evaporado la cocaína. A la de 45 no le molesta que mientras se asan al sol —ella tapada con un pareo— la francesa trate de comprender en voz alta los motivos que pudo tener su padre para desheredarla o que le pregunte sistemáticamente si debiera contarle al hijo su pasado. La de 45 opina que sí, especialmente la parte en la que traficó heroína en sus pañales y en sus libros de cuentos.

En honor a la sincronía que han logrado en estos pocos días es que la de 45 mantiene en secreto las visitas nocturnas de la pantera a su cuarto. La ventera piensa que pasa algo entre ellas. La de 45 se mantiene lejos de los dramas que la pantera inventa y actúa. «Es la primera vez que me sucede, las otras veces siempre planeé las cosas como yo quería. Vas a ser mía, vas a ver», la amenaza desde la puerta. Y obediente sale del cuarto en punta de pies.

Antes de aprender a escribir guiones con entretención, humor y sentimientos, cuando escri-
bía lo que sí pensaba, la obligaban a reescribir
tantas veces que, al dividir el dinero por los
meses efectivamente trabajados, la suma se
desvanecía. De todas formas ganaba dinero o
no estaría viva. Pero los encargos eran inconstan-
tantes. No tenía cómo saber en qué momento
aparecería un ofrecimiento, si para eso había
que llamar a un conocido que tenía un conocido que podía recomendarla en la producto-
ra, el canal, la consultora; si para eso había que
volver a llamar al conocido y preguntarle si
ya había hablado sobre ella con su conocido;
llamar varias veces, juntar las monedas para el
teléfono público, caer en cuenta que no van
a contestar sus llamados, no pensar en que se
convirtió en una molestia, pedirle por favor
el número del segundo conocido para hablar
directamente con él, conseguir el número de
otra forma, saltarse a la secretaria o dejar caer
el nombre del primer conocido, ir a los lugares que frecuentan los conocidos y los no

conocidos, acercarse, obtener la recomendación para escribir guiones con entretención, humor y sentimientos.

Si la francesa no fuera tan ahorrativa podría acortar su estadía y volver a Chile, a los lugares que frecuenta el Ideal, pero entre lo que las hace ahorrar la pantera con la comida y la bebida, el hermano taxista con el transporte y el primo traficante, le queda casi todo el dinero que trajo. Para gastar decide ir a la venta de la competencia. Si la pantera lo sabe, armará un escándalo. ¡Encuentra a la salvada! Tiene una cicatriz en el antebrazo. La vendedora la trata con distancia, como si perteneciera a la isla y no. La cicatriz corresponde a una quemadura, sin duda.

Hoy consiguió monedas y llamó a Chile por el teléfono público. Su vecino le contó que el Ideal continúa yendo todas las noches al bar. Para la imaginación es sencillo hacerlo pasar de la noche en el bar a la mañana en el Jardín del Mar, alquilarle el *Blue runner* al viejo y al alemán, salir a pescar y volver con pescados.

El Ideal tiene la piel blanquísima, odia la arena y la playa. Tendrá que continuar la indiferencia que sigue a la reconciliación en un restorán del centro. No va a servir: cuando él la persiga, arrepentido, se quemará las plantas de los pies en los adoquines calientes. Tendrán que ir a los restoranes caros al otro lado de la isla, donde hay pasto. Mejor lo pasa a buscar a su oficina en el FSLN.

La gringa que vive en la mansión del pirata le paga al chico para que la cabra desobediente lo pasee todos los días por entre la basura. La de 45 escucha de fondo la discusión entre el alemán y el esposo de la dueña del Jardín del Mar. Al parecer, estropeó la radio a propósito para que el alemán no pueda atraer turistas. Lo curioso es que la dueña se pone del lado de su esposo aunque está de acuerdo con la música. El viejo saca agua del bote con una lata de conservas oxidada. Al mediodía, cuando la de 45 se levanta para ir al encuentro de la francesa, todavía está achicando agua salada.

La mujer de 45 sabe donde vive la desconocida quemada por el fuego en el antebrazo. La siguió desde la venta de la rival de la pantera hasta el interior de la isla. La casa de concreto tiene ventanas, no vidrios. Hay niños que entran y salen, mujeres, ningún hombre. La desconocida los trata con cariño, se ríe con las travesuras y les convida chupetines helados. No es claro a qué se dedica, si es que trabaja.

La francesa encuentra a la pantera en el cuarto de la de 45. No pregunta desde cuándo duermen juntas. Sus movimientos se descompasan. Ya no se encuentran por la mañana, desconoce si la preocupación por el hijo que arriesga cárcel la hace levantarse más temprano o por lo mismo duerme hasta tarde. Evitan coincidir en la venta.

Hay una isla más allá que esta. Little Corn Island es el último pedazo de tierra firme, tan pequeño que se camina en menos de dos horas. La pantera le dice que no vale la pena ir. Cara, muy cara, chasquea los dedos, solo para turistas con dinero. Está convencida de que la de 45 vino a Nicaragua con una mujer que, loca de amor por ella, intentó provocar un incendio en un hotel de Bluefields. Seguramente alguna vez también pensó incendiar una vivienda por amor. ¿En Costa Rica? ¿O fue su madre la que prendió fuego al hotel en una discusión con el esposo que la siguió desde Corn Island?

Pasa por fuera de la oficina del FSLN a la hora en la que el Ideal termina de trabajar. No le gustaría que él crea que ella lo persigue. Por el hermano taxista de la pantera supo que una parte del FSLN local lo acusa de traidor. La mitad de la isla traiciona a unos y la mitad a otros, pero al Ideal le afecta que duden de él. Ahora mismo está metido en un proyecto para llevar agua potable a las casas de los creoles del interior. Son justamente ellos quienes lo acusan; creen que el agua potable servirá para cobrarles lo que ahora tienen gratis, aunque los niños y niñas se llenen de parásitos. La francesa no percibe la intensidad con la que el Ideal y la de 45 se miran, sigue de largo hacia el aeropuerto. El hijo le contó que irá a vivir con la familia de su padre en el DF. Si lo dejo, terminará muerto como él de un cuchillazo. La única salida es que la madrastra y el hermanastro le cedan la parte del *foie gras* que le corresponde en derecho. La pantera disimula su alegría; va a tener a la de 45 solo para ella.

La desconocida que el manco salvó tiene una segunda cicatriz en la parte posterior del muslo. Hoy se agachó a lavar ropa en la artesa y se la vio. Tiene que pensar en cómo abordarla para tocar el tema, puede que no quiera acordarse o nunca contó que está aquí porque alguien murió, y desde entonces abre su casa a los niños y niñas del pueblo.

El Jardín del Mar está siendo descubierto por los turistas que se aventuran a ir más allá del bar y las cabañas Paraíso. La culpa la tienen las canciones de Coldplay que el alemán sintoniza en la radio que mandó a reparar. La dueña sumó al desayuno algunos platos. El viejo y el alemán almuerzan en el bote.

La de 45 tiene miedo de que el Ideal lea el cuaderno Cuadriculado 7mm y descubra su relación con la pantera. Teme que la pantera lea el cuaderno Cuadriculado 7mm y crea que el Ideal es real, incendie los cuartos y no haya nadie para salvarla.

La pantera le pide que pase la noche en la venta. Anoche tuvo mucho miedo, un hombre intentó entrar por la ventanuca. ¿Cómo sabes que era un hombre? No es por mí que me preocupo, sino por mi hija. ¿O vas a comportarte egoísta con ella también? Vive con miedo a que un isleño la seduzca y la embarace como ocurrió con ella. Aun así deja a la hija de once años sola para estar con la de 45.

La belleza de la pantera se vuelve perfección en la hija. Lo perturbador es que la niña se mira al espejo y no lo ve. Su cama está separada de la de su madre por un metro o algo más. Duerme tranquila bajo el mosquitero que cae del techo y se pliega a los costados del colchón. Por el calor ha retirado la cubierta, duerme en calzones y polera, su calzón es blanco, de nylon, las piernas de tan largas le quedan suspendidas en el aire. El problema es el capital, le dice la pantera, por falta de capital no tiene bien abastecida la venta y los clientes que podría atender se van a la competencia. Si tuviera capital, todos vendrían a su venta, que es mucho más limpia. Y el ideal que proyectó para ella y su hija en este regreso a su isla, sería igual al que imaginó en Costa Rica.

La parte interior de sus muslos es rosa.

Dicen que los sandinistas se aliaron a la CIA para eliminar a los narcos. Dicen que los narcos financian a los misquitos contra los sandinistas. Dicen que los sandinistas construyen la red de agua potable para poner a la población creole de su lado. Dicen que los misquitos tienen un pacto secreto con los creoles para expulsar a los sandinistas. Dicen que los narcos están en conversaciones con los sandinistas para participar de las ganancias de la obra pública. El Ideal ya presentó su renuncia, partirá de la isla en el ferry a Bluefields. Se rehúsa a decirle en cuál, no le gustan las despedidas. Acepta cenar con ella en el Sally Peaches. La de 45 lo espera hasta que los mozos comienzan a voltear las sillas.

La pantera se queja de que no le hace regalos, que no salen a pasear, que no la invita a cenar a un restorán, que no le da la mano cuando caminan. Jura por Dios que la mujer con la cicatriz en el antebrazo y el muslo es traficante, todos en la isla la conocen. El primo le compró a ella la cocaína que la de 45 y la francesa tomaron. Usa a los niños y niñas que invita a su casa para que le lleven las drogas, le dice la pantera y agrega: Si andas buscando a alguien que estuvo en un incendio para escribir, tenías a la francesa al lado; me contó que estuvo en uno grande, creo que alguien murió. La mujer de 45 no recuerda haberle contado a la pantera su temor a escribir lo que no piensa. Hoy hace tanto calor, un calor tremendo, lo que escribe se derrite.

Averiguar el horario de salida de la lancha que va de Corn Island a Little Corn Island.

CUADRICULADO
7 mm.

MAPA DE LAS LENGUAS UN MAPA SIN FRONTERAS 2021

LITERATURA RANDOM HOUSE / ARGENTINA
No es un río
Selva Almada

ALFAGUARA / MÉXICO
Brujas
Brenda Lozano

LITERATURA RANDOM HOUSE / ESPAÑA
Todo esto existe
Íñigo Redondo

LITERATURA RANDOM HOUSE / URUGUAY
Mugre rosa
Fernanda Trías

ALFAGUARA / COLOMBIA
El sonido de las olas
Margarita García Robayo

LITERATURA RANDOM HOUSE / COLOMBIA
Estrella madre
Giuseppe Caputo

LITERATURA RANDOM HOUSE / PERÚ
Mejor el fuego
José Carlos Yrigoyen

ALFAGUARA / ARGENTINA
Todos nosotros
Kike Ferrari

ALFAGUARA / CHILE
Mala lengua
Álvaro Bisama

LITERATURA RANDOM HOUSE / MÉXICO
Tejer la oscuridad
Emiliano Monge

ALFAGUARA / ESPAÑA
La piel
Sergio del Molino

LITERATURA RANDOM HOUSE / CHILE
La revolución a dedo
Cynthia Rimsky

LITERATURA RANDOM HOUSE / PERÚ
Lxs niñxs de oro de la alquimia sexual
Tilsa Otta